江 西 文 化 符 号 丛 书

编委会

编委会主任：郭建晖

编委会副主任：吴永明　黎隆武

编委成员：叶　青　吴信根　凌　卫　曹国庆　吴　涤
　　　　　周建森　吴长庚　张宏涛　周广明　邹锦良
　　　　　李梦星　赖功欧　余　悦　聂　冷　吴国富
　　　　　张德意　游道勤　刘　芳　梁　菁　方　姝

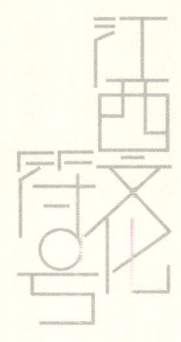

江 西 文 化 符 号 丛 书

袁州文化

YUANZHOU
WENHUA

聂 冷 / 著

江西人民出版社
江西美术出版社

江西·南昌

出版前言

江西"物华天宝""人杰地灵""雄州雾列,俊采星驰",是人文渊薮之地,文章节义之邦。

在历史的眷顾中,文明与智慧在这片古老而富饶的土地上激荡、交融、沉淀、升华,孕育了兼容并蓄、海纳百川、多元特质的江西文化,涌现出辉映史册的杰出人物,积淀了弥足珍贵的人文资源。在整个中华民族的文明史上,江西文化浓墨重彩、影响深远。宋明时期,全盛的江西文化更是成为中华民族文化的结晶和代表。新民主主义革命时期,江西是全国苏维埃运动的中心区域,成为中国革命胜利前进的伟大基地,红色文化璀璨辉煌。这些具有独特魅力的江西文化散发出馥郁的芬芳,蕴含着温润的力量,氤氲在历史的光阴中,汇聚在时代的大潮中,滋润着广袤的赣鄱大地,滋养着广大的江西儿女。

"文化是一个国家、一个民族的灵魂。"为了深入贯彻习近平新时代中国特色社会主义思想,特别是习近平总书记关于文化建设的重要论述,中共江西省委、省政府把文化强省作为重大战略,出台了《关于加快文化强省建设的实施意见》,明确提出到2025年,江西要建设成为在全国具有较大影响的文化强省。《江西文化符号丛书》的出版正是中共江西省委宣传部深入学习习近平新时代中国特色社会主义思想,贯彻落实党的二十大会议精神,推动文化强省建设的一项具体行动。

我们策划出版这套《江西文化符号丛书》的初衷,就是力图将江西符号与江西形象、文化自信和文化思考,一起熔冶进书中,通过底蕴深厚的文字与精美个性的画面,带领人们理解江西文化的内涵,感知江西文化的灵魂,借以给人们梳理出一个清晰的文化发展脉络,提供一个宽敞的文化游历空间,架构一座理解传统文化与先人智慧的桥梁,活化一种历史记忆和时代精神的生动传承。

《江西文化符号丛书》的出版是一项系统工程。丛书选取了相对立体的涵盖江西特色文化基本面的12种文化作为第一辑,已于2021年4月出版,即《红色文化》《山水文化》《陶瓷文化》《书院文化》《戏曲文化》《农耕文化》《商业文化》《中医药文化》8种特色文化,以及《临川文化》《庐陵文化》《豫章文化》《客家文化》4种地域文化。在此基础上我们又梳理出《青铜文化》《古村文化》

《科举文化》《理学文化》《佛禅文化》《道教文化》《书画文化》《赣菜文化》《茶文化》9种特色文化，以及《饶信文化》《袁州文化》《浔阳文化》3种地域文化，共12种，作为第二辑出版。这些都是在江西历史上经过时间检验，已经形成广泛影响，并在较大范围内获得公认的文化成就和文化现象，它们是一道光、一条路，引导人们向光而行，不断续写新的华章。

我们在编撰工作中紧紧围绕"正""专""新""特""精""美"来精耕细作。"正"，是指传播正能量，把好政治导向关；"专"，是指既要雅俗共赏、通俗易懂，又要体现学术层面的专业性和权威性；"新"，是指所选内容，不但要注重文化源远流长的历史和发展特征，更要延伸这种文化的美好前景及其在当下生生不息的生命力；"特"，是指文化内容一定要选取最有特质、最有代表性的符号来讲述；"精"，是指选材精、表述精、制作精，以打造精品图书的标准来组织实施；"美"，是指图文并茂，精美雅致，让读者沉浸在美景美物的故事和文化意境中，怦然心动，产生共鸣。

丛书的出版得到了领导和有关方面的高度重视和关心支持。中共江西省委常委、省委宣传部部长庄兆林同志对丛书的编撰亲自部署、具体指导。时任中共江西省委常委、省委宣传部部长施小琳同志,时任江西省人大常委会党组副书记、副主任朱虹同志,中共江西省委宣传部老领导刘上洋、姚亚平同志对丛书的编撰出版给予了悉心的指导。在丛书配图方面,江西省各设区市委宣传部以及江西画报社提供了有力的支持。在书稿审读过程中,中共江西省委党史研究室、江西省社会科学院、江西省文学艺术界联合会、江西省民族宗教事务局、江西省博物馆等众多单位以及南昌大学、江西师范大学等众多高校的专家学者提供了学术上的指导。丛书各册的作者克服了诸多困难,在相对较短的时间内,精心构建框架,广泛搜集资料,创新表达方式,倾情进行写作,为丛书的顺利出版付出了艰苦的努力、巨大的心力。丛书还参考了一些研究成果和图片资料,使用了省内部分摄影家的作品。在此,我们谨向所有支持、帮助过该丛书出版的领导、专家、学者致以衷心的感谢!

  限于时间相对匆促,在编撰出版过程中,难免存在缺憾和不足,敬请广大读者批评指正!

丛书编委会
2023 年 1 月

目 录
CONTENTS

江西文化
符号丛书

导　言 /001

第一章
先秦文明

一、史前江西第一城筑卫城 /004

二、吴城青铜改写历史 /007

三、李洲坳墓葬全国少见 /010

四、国字山墓葬越国留踪 /014

第二章
物产商贸

一、樟树药业和樟帮药商 /020

二、上高蒙山银矿和银冶炼 /029

三、万载花炮 /035

四、万载夏布和新余夏布绣 /038

五、高安华林造纸 /044

第三章
古村古建

一、天宝古村 /050

二、南惹古村 /055

三、厚板塘古村 /059

四、袁州谯楼、李渠和崇文塔 /064

第四章
袁州名人

一、隐逸高士 /075

二、袁州状元 /080

三、文史大家 /090

四、科技人物 /107

五、袁州牧守 /123

第五章
戏曲歌舞

一、高安采茶戏 /140

二、万载开口傩、萍乡傩和湘东傩面具 /144

三、万载得胜鼓和萍乡春锣 /150

四、丰城花镲锣鼓 /156

五、丰城岳家狮 /159

后　记 /163

导言

袁州是在汉高祖六年（前201）建立的宜春县的基础上，于隋开皇十一年（591）设置，当时下辖宜春、萍乡、新渝（曾更名为吴平，今新余）三县。但当时的宜春县包括了现在的分宜，新渝则管辖今樟树的赣江以西地区。实际上当时的袁州辖区范围就是整个袁水流域，也就是汉代的宜春县范围。到宋太祖开宝八年（975），锦江上游的万载县也划归袁州管辖。中华人民共和国成立后，在历史上的袁州、瑞州、临江三府的基础上设立了宜春地区，并把原属豫章郡的南昌、丰城、新建、进贤、奉新、靖安、安义诸县也划归宜春地区管辖。20世纪七八十年代，又先后把南昌、新建、进贤、安义四县重新划归南昌市管辖；同时，将萍乡、新余从宜春地区划出，分别设为地级市，并把分宜县划归新余市。于是，宜春地区只剩下宜春、樟树、丰城、高安、奉新、靖安、上高、宜丰、铜鼓、万载十个县市。2000年8月，经国务院批准，撤销宜春地区，改设宜春市，原县级宜春市改为袁州区，丰城、高安、樟树三县级市由宜春市代管，至今未变。

由于宜春地区行政公署以及后来的宜春市级党政机关均设于原先的袁州府城内，所以现在人们已习惯性地把现今的宜春市所辖及代管范围视为宽泛意义上的袁州文化区。而萍乡、新余两市从历史文化的角度上看，与袁州实为一体，密不可分，因此，我们在谈论袁州文化的时候，更不能落下它们。故而，本书所要介绍的袁州文化，其实就是今天的宜春、萍乡、新余三市范围内的历史文化。

"我行宜春野，四顾多奇山。"这是宋代著名理学家朱熹路过宜春时发出的赞叹。袁州的地形骨架是绵延辖区南北的罗霄山脉北段——从武功山直到整个九岭，因而崇山峻岭几乎遍布全境。巉岩绝壁耸立于山头，幽谷深涧隐身于山间，流泉飞瀑奔流于溪涧；武功金顶之高，可摘星揽月；宝峰泓潭之深，可泛舟垂钓；风起松涛如海啸，月照静林惊山鸟——整个袁州山水妖娆，光景如画，充满着神奇和优雅。

从地质学上说,袁州属于所谓的地理沉降带。大约8亿年前,这里的地壳开始凹陷下沉,致使今天宜春的山都不是太高,最高的山峰都在海拔2000米以下。山体表面破碎的岩层不断土壤化,发育成厚厚的土层;在厚厚的土层上又发育出茂密的森林,繁衍着种类繁多的飞禽走兽。而水流的冲刷,又在群山的低谷和外缘冲积出一片片平展的河谷和盆地;亚热带温暖湿润的气候,又使得这些平地上常年水草丰茂、百花争艳。相对于中原和西北干旱地区以及东南河湖水网地区而言,这里基本上可谓常年旱涝无忧。这种环境,自然非常适宜人类的生息繁衍。现代考古发掘表明,这里早在旧石器时代就有人类居住。到商周时代,这里就出现了诸如筑卫城、吴城之类规模宏大的城市和青铜文明,人们由此可窥见江西乃至江南的先秦文明面貌。

袁州的古远神秘,还表现在这里隐士辈出。汉朝的袁京,唐朝的郑谷、彭构云等全国著名隐世高士就是隐居在宜春的。

自中唐时期韩愈来袁州任刺史开始,袁州的州、县两级官学教育获得了长足的发展,卢肇、易重连续两届相继考中状元,开江西科举全国夺魁之先河,一时传为美谈;甚至在此后的整个中晚唐时期,形成了"袁州进士半江西"的局面。袁州的科举文化也就成了唐代整个江西非常突出的文化现象之一。

宋以后,江西科举之盛已由袁州转移到了临川(抚州)、庐陵(吉州)和洪州。但丢了科举状元桂冠的袁州,此时的工商经济却蓬勃发展。首先是樟树的药材加工业和医药市场,接着又有上高蒙山的银矿开采和冶炼,随后还有万载的花炮和夏布生产,等等,都在江南乃至全国范围内打开了市场,获得了声誉,因而形成了一种以经济为载体的袁州地方特色鲜明的工商文化。

明朝,袁州在工农业生产技术相对发达的基础上,诞生了中国历史上第一个全面记录和阐述全国工农业生产工艺的科学家宋应星和他的不朽著作《天工开物》。其实,宜春人研究科学技术,滥觞于唐朝,卢肇的《海潮赋》阐述了日月运行与海洋潮汐的关系,当时也曾轰动全国。刺史李将顺兴建的李渠,则是古代水利工程的典范。宋朝,袁州在府城西门谯楼上建成了全国第一个地方天文台。这都表明了袁州产生宋应星和《天工开物》并非偶然。而近现代中国第一个享誉世界的物理学家吴有训的科学成就，则进一步确立了宜春科学文化领先全省的历史地位。

袁州物华天宝，稻米、生猪产量全国有名。《天工开物》里记载最详尽的就是宜春人种植水稻和加工粮食的工艺，连稻瘟病的防治方法在当时都被宜春人掌握了。"崽女会读书，爷娘会养猪"，是一句流传甚广的赞美宜春民风特色的顺口溜，就因为宜春的生猪出栏数曾经多年稳居全国榜首。宜春矿产丰富，除宋元明时代就已开采的蒙山银矿之外，还有亚洲最大的钽铌矿和锂矿，以及几乎取之不尽、用之不竭的瓷土矿。中国江南最缺的物产是煤炭，可袁州的萍乡、丰城偏是江南煤都。尤其珍稀的是，袁州还有世界罕见的富硒温泉——明月山温泉，水温高，出水量大，可饮可浴，既能治病，又适于养生，吸引全国各地人士蜂拥而至。

袁州人杰地灵，不仅表现在读书人和考取功名者多，而且特别表现在袁州的学者和仕宦，往往都是官位不高，可是毕生所取得的成就及产生的影响却远远高于许多高官大吏。如卢肇、易重、郑谷、宋应星，还有宋代协助司马光编纂《资治通鉴》的刘恕、刘攽，以及清朝推动维新变法的文廷式等等,都是中低级官吏。而编撰了《中原音韵》,从而奠定了中国现代普通话基础的元朝语音学大师周德清和明朝的清官廉吏典范况钟,则都是布衣出身,甚至终身布衣,根本就没有考取功名。

的确,袁州就是这样一个山川灵秀、人文厚重、物产丰腴、民风淳朴、禅隐双修的旅居兼养生胜地,一个温柔富庶而又和谐美妙的安乐窝,一片超世脱俗的人间净土,一个可以感悟人生、寻觅心灵归宿的宁谧胜境。

第一章 先秦文明

XIANQIN
WENMING

20世纪50年代以来，我国考古学界在宜春地区进行了四次重大的考古发掘。1947年，江西考古先驱饶惠元先生在清江县发现了一座疑似人工夯筑的土城——筑卫城；70年代后经发掘，证明它确是一座始于新石器时代、终于东周的人工夯筑城池，并且明确它是在江西境内发现的年代较早、保存最完整的人工夯筑城池。1973年，清江县（现樟树市）山前乡吴城村农民在修筑水库时，偶然挖出了一批古代陶瓷和青铜器，随后经考古部门发掘研究，证明这里是一处商代青铜文化遗址，并且是长江以南发现的第一个具有殷商文化特征的青铜文化遗址。这一发现，彻底改写了此前史学界普遍认为中国"商文化不过长江"的历史论断。2007年，省文物考古研究所和靖安县博物馆在该县李洲坳发现了一座被盗墓葬，经发掘研究，证明它是一座春秋晚期一坑多棺墓，其特殊的墓葬结构为全国首次所见。2013年，省文物考古研究院和樟树市博物馆又在樟树国字山发现了一座被盗墓；2017年，经考古发掘，证明它是一座战国中期大墓。这四个先秦时期文化遗址先后被国务院列为全国重点文物保护单位，其中后三个还分别被评为中国当年十大考古新发现之一。因此，袁州文化的显著特点之一，就是这片大地上的考古发现，较早地揭示了江西乃至江南的先秦文明面貌。人们通过袁州地区出土的大量先秦文化遗址和文物，就可窥见江西乃至江南的先秦文明面貌。

一、史前江西第一城筑卫城

筑卫城遗址位于樟树市东南9公里的大桥乡洪光塘村东土岗上,是4500多年前江西先民的繁衍生息之地,江西省最早的政治、经济、文化中心之一。清同治《清江县志》载,该地"乡民筑城以自保",因以得名。该城比新疆的楼兰古城、古罗马的庞贝古城更为久远,是我国南方地区保存较完整的早期文明时期大型土城之一,2001年6月被国务院公布为第五批全国重点文物保护单位。

筑卫城整个城址呈方形布局,规模庞大,保存完好,东西宽410米,南北长360米,面积约14万平方米,古城的残墙最高处达20多米,最低处也有4米。城墙皆为泥土拌和沙石夯筑,残墙上长满了野草或灌木,足以容三四人并排行走。从筑卫城遗址的布局看,其北邻赣江支流芗溪河,南接广袤的平原地区,内河水系由西向东贯穿全城,

筑卫城遗址

使内河与外河相通,城外又有护城河环流;以河为中心,河东面是生活区,河西面是当时的政治文化区。内城、外城轮廓清晰。

1974年,江西省博物馆、清江县博物馆人员,以及北京大学历史系考古专业师生联合对筑卫城遗址进行了第一次科学发掘。1977年,在厦门大学历史系考古专业师生参与下,江西省博物馆、清江县博物馆又组织人员进行了第二次科学发掘。两次发掘共揭露面积566平方米,出土了大量石斧、石刀、石铲、陶鼎、陶罐、陶盘、陶网坠等；遗迹有房基柱洞 30 余个、经过焙烧的红烧土块，还有铺筑平整的卵石硬面。这标志着筑卫城居民当时尚处"刀耕火种"的原始农业阶段，过着以农业为主、渔猎为辅的生活。网坠、石镞出土数量较多，表明渔猎生产在当时仍占一定地位，并已有制陶业、纺织手工业，处于父系氏族社会，且在 4500 多年前已出现原始村落。筑卫城遗址包括新石器时代、夏代、商代、西周、春秋、战国六大时期的文化堆积，是中国先秦遗址中延续时间较长、文化堆积丰富的典型遗存。它对于确立江西先秦考古学文化编年有着重要意义。

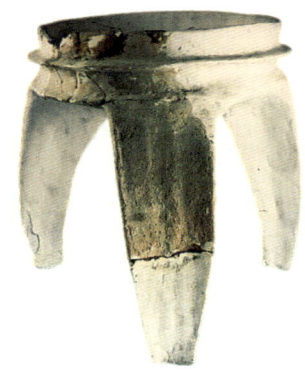

筑卫城遗址出土的盘形鼎

二、吴城青铜改写历史

吴城遗址是1973年秋兴建吴城水库时发现的。考古发掘证明,它是中国南方一处规模宏大的商代中晚期都邑遗址,其文化堆积所跨时代为公元前15世纪至公元前11世纪,总面积约4平方公里。遗址内发现有陶窑区、冶炼区、居住区、墓葬区、祭祀广场等遗迹,出土陶器、原始瓷器、铜器、石器等文物数千件。其中青铜器及其冶炼设施的发现,打破了以往所谓"商文化不过长江"的历史论断;而烧造考究的原始青瓷器的发现,则证明了这一地区即是我国青瓷器的发源地之一,而且把中国瓷器烧造的历史往前推了1000多年。尤其惊人的是,考古发现,吴城先民早在商代就发明了中国最早的龙窑,实现了规模化的大批量生产,从而最大限度地满足人们的生活日用需求,且降低了生产成本。龙窑生产技术,至今仍是日用陶瓷生产的当家技术。

该遗址经过10余次科学发掘，共揭露面积2000余平方米，文化堆积厚2至3米不等，划为7层，分三期文化，共清理房基2座，窑址12座，灰坑55个，墓葬16座；出土较完整的石器、陶器、青铜器、玉器等900余件，特别是陶文、原始瓷、

吴城遗址

吴城遗址出土的商代陶器

铸铜工具的出土,是江西境内前所未有的重大发现。这表明吴城先民已掌握了成熟的青铜冶炼和铸造技术。在该遗址出土的虎耳夔足鼎,已被国家博物馆作为国宝收藏。

吴城遗址现已成为北京大学、厦门大学、中山大学等大学考古专业的实习基地,江西省博物馆亦在吴城建立了考古工作站。

三、李洲坳墓葬全国少见

  李洲坳墓葬是我国迄今发现的时代最早、埋葬棺木最多、结构最为奇特的一坑多棺墓葬。

  该墓葬位于靖安县水口乡李家村茅屋组李洲坳东坡，是有封土的大型土坑竖穴墓葬。原封土高约12米，封土底部为圆形，直径30—35米；墓穴内埋葬棺木共47具，其中22具内发现有人类遗骸。人类遗骸能够检测的个体均为女性，年龄在15—25岁。墓内还出土各类文物650余件，其中竹木器144件、漆器12件、玉器13件、青铜器30件、原始青瓷器7件、金器1件、金属器5件以及纺织品300余件。

  从考古学文化分析，李洲坳墓葬出土文物与江西贵溪崖墓出土的同类器物基本一致；与湖南地区越人墓葬的随葬品组合也相似，反映了南方越人集团所具有的特殊文化

李洲坳墓葬出土的彩绘漆剑

现象。同时，从墓葬结构、漆器文物的某些特点分析，李洲坳墓葬又具有某些早期楚文化的因素。因此，李洲坳墓葬所代表的是一种具有深厚越文化因素，又受到某些楚文化风格影响的新型青铜文化。它也反映了在春秋时期，赣西北地区可能还存在过一个具有高度青铜文明成果的大型政治集团。将墓为出土的年代特征鲜明的原始青瓷器、越式青铜鼎，与江西及周边地区出土的春秋战国时期的同类器物相比较，可初步准断，李洲坳墓葬的年代当在春秋晚期，年代距今约2500年。

2009年，靖安县在李洲坳墓葬发掘现场建起了一座江西最早的考古遗址博物馆。博物馆陈列着大墓所有出土文物，成为县内主要的文化旅游景点之一。

李洲坳墓葬

四、国字山墓葬越国留踪

国字山墓葬是迄今江西地区考古发现规模最大的东周时期墓葬,体现出多种文化因素交融共存的特征。这座墓葬的考古发掘为构建和完善江西地区两周时期考古学文化序列谱系提供了关键性资料。

该墓葬位于樟树市大桥街道彭泽村,地处筑卫城西侧约300米处的小山顶部。筑卫城是樟树市所在的清江盆地东周时期的中心城址,其周边发现有大量同时期的城址、遗址、墓葬等,构成了以筑卫城为核心的聚落群。

从2017年起,在国家文物局的支持下,江西省文物考古研究院、中国社会科学院考古研究所和樟树市博物馆组成国字山联合考古队,以聚落考古的理念对墓葬及周边地区开展了持续性考古发掘和研究工作。考古发掘发现,国字山墓室东西长约16米,南北宽约14.4米。墓葬的椁室

国字山墓葬出土的青铜提梁盉

内放置 7 具棺木,其中主棺是船形独木棺,位于椁室中部,另外有 6 具陪葬棺分布在周边。墓内共出土了 2600 多件(套)文物。出土器物以漆木器为主,同时还有金属器、陶瓷器、玉石器等。从器类看,囊括了礼器、乐器、兵器、车马器、日常用具等多种品类。其中有一件古筝总长度达 2.3 米,是至今为止所发现的先秦时期最长的古筝。而另外两件有铭文的青铜兵器,则确定了墓主的身份。

国字山墓葬出土的青铜戈

经专家考证,这两件青铜兵器的主人分别为越王勾践的玄孙翳以及翳的一个儿子。这对研究越国的历史,特别是了解越国向外扩张以致战国时期形成"百越"的历史具有重大意义;也是越文化考古的新突破,一定程度上填补了江西东周考古时期的空白,对于研究作为"吴头楚尾"的江西地区东周时期的吴越楚关系、政治格局演变和"中华文明多元一体"进程都具有极为重要的学术价值。

第二章 物产商贸

WUCHAN
SHANGMAO

袁州物华天宝，出产丰富，本章且择要介绍依托这些物产而衍生的加工产业和市场商贸盛况。袁州的工商业始于吴城的青铜冶铸和原始青瓷制作，发展于汉代洪州窑的陶瓷产业；宋代以后，高安华林山的竹纸制造，上高的银矿开采和白银冶炼，以及樟树的医药工业和万载的花炮、夏布产业也蓬勃兴起，并很快形成了全国著名的专业产地和产业品牌。

工业生产的发展，自然而然地带来了商业贸易的兴盛和市场经济的发达。于是随着中国资本主义经济萌芽，樟树、万载便成了辐射全国的医药、花炮和夏布贸易市场；尤其是樟树的医药市场和樟帮医药经营队伍，更是在淮河—秦岭以南的半个中国独领风骚。

一、樟树药业和樟帮药商

　　樟树是中国著名的中药集散地和江南第一大医药市场。据方志文献记载，自东汉建安七年（202）著名道师葛玄到阁皂山采药修道炼丹行医算起，樟树药业迄今已有1800多年的历史。

　　阁皂山现已被划定为国家森林公园，成为来到樟树的商贾和游客的必游之地。它位于樟树市东南部，总面积为6946.37公顷，森林覆盖率达89.9%。阁皂山属武夷山西延的支脉，地势总体南高北低，山脉走向由南向北，是典型的山地丘陵地带，最低处海拔51米，最高点玉华山，海拔1169.1米。

　　阁皂山是中国道教胜地，樟树为江南药都，阁皂山是樟树的药材主产地，因此，阁皂山国家森林公园的旅游景点多与道教文化和医药文化有关。2001年12月阁皂山被评

阁皂山

为国家 AAAA 级景区，其主要景点有：

一天门。它是进入阁皂山的门户，是一座由八棱柱、横额、雀替、方础组成的"门"字形石牌坊，全为豆绿石建造，高 7.17 米，宽 4.3 米。石牌坊上部面南横书"一天门"三字门额，北面按唐高宗御赐封号，镌"三十三福地"五字。一天门始建于宋代，当年朱熹第一次登临阁皂山讲学时，路经此地，惊叹曰："此乃一'天门'也！"嗣后即捐银在此修建牌坊，并命名为"一天门"。

鸣水桥。因桥畔景物秀美，且闻飞瀑之声，故名"鸣水"。始建于北宋政和元年（1111），石砌单孔，高2.5米，长7.3米，宽6.8米，内空宽2.6米，纵向并列砌17道拱券。两旁有石栏、望柱，柱上雕莲花头座。桥旁立一水泥砖座石碑，上有"鸣水桥"三字，相传为文天祥应本山道德宫方丈孙道士之请所书，拓刻于此。

大万寿崇真宫。这是一座道观，位于阁皂山东峰之南麓，由朝阶、宫门、正殿三部分组成，占地2000余平方米。原为吴嘉禾二年（233）道师葛玄入山时所结的卧云庵，隋称灵仙馆，唐宋先后被敕封阁皂观、玄都观、景德观、崇真宫、万寿崇真宫，至南宋淳祐六年（1246）被敕封其为"大万寿崇真宫"。

百草园。位于阁皂山挂壁峰南，相传为葛仙翁传艺授徒和医病应急而采集山中百草集中栽培所辟，按"神农尝百草，百草配千方"之意取名"百草园"。后由阁皂山历代道众经营，特别是明末四公子之一的"药地和尚"方以智也在百草园隐居，培植和制造药材。

紫阳书院。位于阁皂山东峰南坡，占地约860平方米，始建于宋代，原本供奉太上老君、释迦牟尼、孔子，故称为道德宫。但后来因朱熹（别号紫阳）几次在此讲学而被称为"紫阳书院"。进门左侧的银杏树，相传为朱熹讲学时为创"杏坛"气氛而栽植的，距今已有近800年。庭院中另有金桂、银桂及四季桂共4株，古树婆娑，浓荫蔽日。

葛玄在阁皂山开樟树药业之先河，被樟树人尊崇为"药祖"。后经南宋著名药师侯逢丙来樟树开展药材加工，开店经营，奠定了樟树药业的基础；至明代逐渐形成了完整的樟帮药业发展体系。樟树的中药炮制，不论炒、浸、泡、炙还是烘、晒、切、藏均十分考究，独树一帜，故樟树成为南北药材集散和炮制中心。樟树药业界先贤通过千百年的努力，终使樟树成为海内外药界同仁一致认可的中国药都。具体来说，可分为三个发展时期。

兴起时期：悬壶施诊的药摊

阁皂山是樟树药业之源。唐代苏敬等人编写的《新修本草》收录药材800余种，其中阁皂山可出产200余种。因此，樟树药业从采集药材开始。接着，一些懂医识药的阁皂山人便到樟树街头摆摊卖药，悬壶施诊。后来，一些医药技术渐精、获利较大的人，便渐渐开始专门从事医药业了。南北朝时，樟树镇一带从事医药业的人逐渐增多，开始有了初步分工。

发展时期：药市的形成

樟树"药圩"的形成，始于唐代。唐开元四年（716），江西通往广东的驿路大庾岭"梅关古道"开通，它和赣江水道连接，构成南北交通的大动脉。处于这条通道中心的樟树即成为沟通中原与岭南的交通要津。凭借袁、赣二水

中药材

与南通北达的驿路，或达京师，或至吴楚，或走湘桂，或通浙闽，为药材的集散、中转提供了极好的条件。于是"货栈""药行"等应运而生。至宋代"药市"也就逐渐形成，医药兼备的"药店"相继出现。宋宝祐六年（1258），樟树镇已是药摊遍布、药店林立，逢墟而集已远不能满足药材交易的需要，于是便改为每日集市。辐射江南、华南、华中的医药市场由此而成。

兴盛时期：药业的繁华

明清时代樟树药业继续发展。明成化年间，赣江改道，樟树遂成为袁河与赣江的交汇处，这加强了它的港口地位，使药材集散规模更趋扩大。各地药材，尤其是川、广药材大量运到樟树。这不仅使樟树经营药业的人大量增加，而且外地药商也云集樟树。明崇祯《清江县志》记载："樟滨故商贾凑沓之地也""（药）有自粤、蜀来者，集于樟镇，遂有'药码头'之号""帆樯栉比皆药物"。于是樟树药业从以零售为主，发展到以批发为主，开始出现专事批发的药材号。到清道光初年，樟树镇有药材行、栈、号、店200余家，樟树终成为"南北川广药材之总汇"，"药不到樟树不齐，药不过樟树不灵"之说传遍全国。

樟树不仅是医药商贸大市场，更是中药炮制的大工场。到明清时代，全镇已有药材加工户数百家，从业者数千人。经营者在生产过程中不断总结经验，精益求精，创造出了

樟树中药炮制技艺"白芍飞上天"

一套独特的加工炮制工具和加工技艺。他们的刀被称为"樟刀",碾被称为"樟碾",刨被称为"樟刨"……他们的工艺,从润药、洗药、切片、研磨、蒸煮到拌和、煅炒、造型、晾晒、烘焙等等,均有严格的标准和操作要领。他们还把这些操作要领和标准编成口诀和歌谣,代代传承,成为独特的传统技艺。如今,樟树的"中药炮制技艺"和"药市习俗"已成为国家级非物质文化遗产。

由于樟树医药工商业高度繁荣,本地市场日趋饱和，于是药业界的加工业技师和店家开始向外扩张，占领外地市场，并由此形成帮派，以便在外相互呼应，互帮互助，站稳脚跟，求得发展。樟树药帮（简称樟帮）就这样应运而生。从清代到民国，樟帮不仅统领了江西全省中药加工和贸易市场，而且占领了长江、珠江、闽江、钱塘江和淮河流域多处城市的大部分药业市场。其中湖南、湖北、四川、贵州、云南各省城市口岸的药店（包括加工场所），几乎都是樟树人所开设。由此可见，樟帮的资源优势、技术优势、资本优势、规模优势、信息优势是何等之强大，难怪其市场网点和影响能遍及半个中国了。

二、上高蒙山银矿和银冶炼

蒙山银矿遗址位于上高县城南30公里的蒙山乡，是一处集采矿、选矿、冶炼和铸币于一体的大型银矿和银场遗址。该银矿兴于南宋庆元六年（1200），止于明万历二十三年（1595），历经宋、元、明三个朝代，开采期长达160多年，兴业距今已800余年。2013年5月，蒙山银矿遗址被国务院核定为第七批全国重点文物保护单位。

蒙山银矿遗址主采矿区主要分布在以蒙山太子壁等山峰为中心的长约5公里、宽约2公里范围之内，目前已发现矿井100多个。据省地质勘探资料显示，最深最长的为一、二号矿井。1983年10月，省赣西地质队曾入二号矿井勘探，在洞内行走8小时未终而返，发现其洞中有洞，纵横交错，惊心动魄，有巨木横悬洞中，树皮如鲜。2006年11月，南港村十余农民自发去一号矿井探险，带了5

根 160 米长绳索入洞，绳索用尽未终而返。当年的采矿技术及规模可见一斑。

太子壁矿井向西约 2.5 公里处的监里村西侧，是当年银矿冶炼厂遗址。其地矿渣遍地，堆积如山。据测算，此处矿渣面积约 15000 平方米，厚度平均约 10 米，藏量 50 万吨左右。矿渣遗址附近有"炉坪"，即当年炼银炉遗址。取此矿渣标本化验显示，其含银、铅、锡、钴、铜、氧化锰、氧化钙、氧化镁等 12 种矿物质，其中氧化铁含量较高，达 3.4%。研究显示，蒙山西区主要使用烧结—还原熔炼法冶炼含银铅矿

石，而东区则主要使用铁还原沉淀熔炼法进行冶炼。铁还原沉淀熔炼法的技术优势在于可以避免对含银铅矿进行死焙烧，从而减少银在这一步骤中的损失，提高银的提取率。这在当时中国属于最先进的银冶炼技术。由于缺乏两区域冶炼活动的准确年代数据，目前尚无法判断两种技术间的相互关系，还有待于对矿渣堆积进行考古发掘与年代测定来确定该遗址空间布局及技术演进的历程。另据探测，在监里村周围其他地方的土丘、水库、田间等地下深处均发现矿渣，面积达6平方公里，可见当时冶炼规模之大。

蒙山

蒙山银矿冶铸的银锭迄今尚有藏品。1977年9月，吉林省农安县三宝广山店出土元统三年（1335）亚腰形银锭两锭，分别为蒙山课银"元字号"和"天字号"银锭，各重1895克和1904克。银锭正面均刻有提调官、催办官、银库官、炉户、银匠等人的名字和年号。这两枚元代银锭，是当时国内铭刻文字最长的银锭，不仅铭文清晰，而且内容丰富翔实，又有确切的铸造地点和年代。这对于研究蒙山开采与冶炼技术史、矿山管理制度、货币铸造史、矿工的文化教育等方面具有重要价值。

监里村是当年蒙山银矿和冶炼厂的管理机构——提举司所在地。古代把矿山管理机构划分为四个级别——监、场、厂、务，其中"监"是最高级。而蒙山银场就属于"监"级。监里村也因此而得名。据清同治《上高县志》记载："宋庆元六年，有银铅发泄于蒙山，于是即蒙山置场。元至元十三年置提举司。"可见蒙山银场最初的管理机构是"场"，后来升格为"监"，最后又升格为提举司。提举司的主官为正五品，副职为从五品或正六品，均高于知县而低于知府。提举司管理的矿业为中央直属企业，应属户部或工部领导。可见当年江西道、瑞州府和上高县等各级地方政府都不能染指该矿场的事务。

元至元二十七年（1290），蒙山银矿提举司还在矿场矿渣山兴办了正德书院，延请师儒，拰集众徒，诵习其间。元集贤院学士、大书法家赵孟頫为该院亲笔题额。正德书

蒙山银矿监里村矿渣堆

  院是我国第一所厂矿兴办的"职工子弟学校",开厂矿办教育之先例。如今依然可见正德书院的遗址,其地四面环山,坐南朝北,一支山溪顺山而下,常流不息。

  清同治《上高县志》记载:"元至元十三年,拨袁(州)、临(江)、瑞(州)三府民人三千七百户,粮一万二千五百石(至蒙山采矿)……"这应该是新增加的部分矿工,加上原有的,可见当年蒙山矿场常住人口至少有2万—3万人,职业矿工和冶炼工不少于1.5万人。当时矿难、逃跑、叛乱事件时有发生。为了稳定矿山,维持治安,朝廷除了加强蒙山银场提举司的管理力量外,又在监里村西8公里处的马湖驻扎了军队。

监里村东行 4 公里处，有座圣济禅寺。该寺始建于唐初，为禅宗五祖惠能的高徒道明禅师所创建，历经宋元明清，多次遭毁而又重新修复。明清之际，台阶、屋柱、坛座皆用大理石加以修葺，前后三进，雄伟壮观。清嘉庆皇帝钦赐"唐朝佛国"墨宝，可见该寺地位声誉之崇高。

蒙山银矿遗址周边还有不少古迹可供游览，如太子祠、"三朝侍御"牌坊、梅沙桥、文峰塔、刀枪洞、仙姑寨等。

三、万载花炮

我国是世界上最早发明火药的国家,以火药制作的烟花爆竹也同样有着悠久的历史,在世界上享有盛誉。我国的烟花爆竹主要产于湖南的浏阳,江西的万载、萍乡,广东的东莞和陕西的蒲城、洋县等地。袁州府内的万载、萍乡是我国古代烟花爆竹的主要产区之一,大约从18世纪中叶起,当地即已开始烟花爆竹的生产。清道光年间,万载的烟花爆竹已"通行南北"。光绪年间,当地"男妇大小均借此以资工作"。清末民初,万载花炮从业者达到数万人,爆竹庄有近千家。由于本地市场饱和,大量万载花炮技工和经营者四出外省外县开拓新市场,仅在全国各地从事花炮规模经营的著名爆竹庄就有"赣庄""浙庄""广庄"等数十家,从业者过万。20世纪80年代,万载花炮从业人员达15万人,产品销往全国20多个省、区、市及美国、日本等多个国家和地区。万载花炮成为江西省主要外贸出口产品之一。

万载花炮品种繁多，有全红礼炮、大小彩炮、鸡公炮、雷鸣炮等60多种。以响声分类就有六响、一百响等19种；以材料纸之长短、厚薄分类，则有三裁、四裁、九裁等数种规格；以结鞭形式分类，则有平边、立边之分。万载烟花爆竹生产所用的原料土纸、火药均为本地所产。土纸为表芯纸，纸质细嫩柔软，带有韧性；火药质量也属上乘。

万载花炮从原料加工到成品制作的整个生产过程，由70多道工序组成，均以手工操作，技术含量高，流程复杂，加之火药为易爆易燃物，危险性极高。因此，花炮生产技术管理制度和规范必须十分严格，非传统产区技术人员很

万载花炮

万载花炮制作技艺"搓筒"

难掌握。这也正是花炮经营者可以满世界飞,而花炮产地却难以扩展的根本原因。万载花炮生产历史虽长达数百年,但花炮制作技艺在理论上无系统的、全面的文字介绍或记载,只能靠师徒之间言传身教、各自的悟性及长期实践经验来掌握和流传,故"万载花炮制作技艺"被国务院列入第二批国家级非物质文化遗产名录。

万载花炮原材料地道、纯净,无毒害,响率高,响声清脆悦耳,可消杀细菌病毒、烘托喜庆气氛,在社会生活中广泛使用,故千百年来一直是市场俏货。

四、万载夏布和新余夏布绣

夏布,俗称"扁纱""生布",为袁州特产,尤以万载所产最为著名,故统称为万载夏布。其肇始可追溯至东晋后期,距今已有1600余年历史。唐代时已被列为贡品,并且大量出口,每年仅销往朝鲜就达几万捆。清道光《万载县志》载:(万载夏布)"嫩白匀净,通行四方,商贾辐辏"。光绪年间,年产阔幅夏布万卷(每卷23匹)左右,窄幅五六千卷,行销江苏、浙江、湖北、安徽等省及朝鲜、东南亚等地。光绪三十三年(1907),全县有1000多家大中作坊生产夏布。经过千百年的世代传承和不断改进完善,万载夏布的制作工艺日趋成熟,生产的夏布既刚又柔,色泽诱人。2008年,"夏布织造技艺"被国务院列入第二批国家级非物质文化遗产名录。

中国麻纺织的历史比丝绸更为悠久,古人最早使用的

万载夏布织造技艺

纺织品就是麻绳和麻布,大麻布和苎麻布一直作为大宗衣料,宋朝以后才逐渐为棉布所取代。《诗经》曰:"东门之地,可以沤苎。"说明2600多年前的周代,就已用自然发酵方法加工麻料。三国时吴国陆机的《毛诗草木鸟兽虫鱼疏》中记苎麻"缩根地中,至春日生,不岁种也"。这时苎麻的特性就已为人们所认识。在古代麻纺有搓法和绩法两种。原始的麻纺是由手搓开始的,后改进为绩法成纱,即先用手指将脱胶后的纤维黏片分劈成细长的麻丝(缕),然后逐根捻接。

夏布生产分绩纱与织布两大部分,细分工序达几十道之多。夏布之纱，尽属女工绩（缉）麻而成。先剔去黄黑点，将麻排成一片，多用山间清泉漂洗，或用黄牛屎水浸透，后用清水洗净，清晨铺在草地上，愈早愈好。白天略加日晒风晾，并时时泼些清水。当午日光，会晒死色。未至午时，须放置背日处晾干或收起。次日重复。经多日反复漂晒，苎麻色泽雪白夺目。此后将麻拆开，用五指圈成小圈，绩时清水浸透。绩纱是件需耐心细致之事，用手将湿麻劈成细缕，并捻成细纱。一般一天能绩二三两纱，精工出细活，若要绩出高扣数精品夏布之纱，几天难绩一两纱。传闻早年为了获取高档精品夏布，专请心灵手巧之细姑妹子绩纱，且不能让绩纱之少女或少妇干粗活，不能烧茶做饭，以免手皮粗糙，难出好纱。精细夏布应达1200扣以上，技术标准极高，非能工巧匠不能为也。传统夏布工艺的要求之高由此可见一斑。

织布部分则有经纱、刷浆、上机、织造四道工序，其中以经纱、织造为难。如手艺不精，会断纱，既费时，又多出劣品。经纱多男人，在阴凉的地方，将纱丝丝入扣，用细白米浆刷纱。织布多女工，织时亢热、严寒都不宜，霜风起后须避入土洞，以防纱线燥断；亢热之际，织布畏风，多蔽窗户。布成之后，经检验修整后分匹存放。

由于绩麻和织造的工序多由妇女手工操作，而当年的农家妇女都是鸡鸣即起，绩麻纺纱、飞梭织布，因此夏布又被叫作"鸡鸣布"，可谓形象生动，意境宛然。

万载夏布

夏布有柔软润滑、平如水镜、轻如罗绡、纱质轻软、经纬咸宜、边缩平整、编织均匀、色泽清秀、不易皱折、不易变形、易洗涤、凉爽清汗等特点,故不仅古人喜之,而且当代人在回归自然的意识支配之下,也越来越多地给予青睐,从而夏布使用范围日益广泛。

万载夏布有两大特点为他埠所不及。一为苎麻质地坚刚,山间多清泉,浣濯便利,天然制造,无药品掺杂其间,自然化刚为柔,呈现雅洁之色;二为成布之后别处用硫黄熏蒸,以求一时之美色,而万载则历来严禁,故愈穿则色愈出。1936年,万载夏布参加粤湘鄂赣特产联合展销会,

新余夏布绣

1942年参加江西省国货陈列馆特产展览会,均受好评,故得以誉满全国,远销海外。

　　流传于新余民间的夏布绣是以夏布为底的一种绣花艺术,已被列入国家级非物质文化遗产名录。它也是江西特有的一种工艺,常用的针法有透底针、虚实针、乱针、交叉针、旋针、套针等。夏布绣工艺主要包括夏布处理、设计刺绣两部分。夏布处理有软化处理、热烫夏布等方式。设计刺绣有设计、勾稿、上绷、勾绷、配线、刺绣等工序。夏布绣注重节奏和线条，弱化色彩，融合夏布特殊的肌理及水墨国画的韵味，作品色泽古朴，具有宁静素雅的艺术风格。

新余传统夏布绣主要见于帐幔、童帽、云肩、口围、枕顶等实用生活饰品，多是自绣自用、美化生活。现经过民间艺人张小红等实践创新，发展出夏布艺术刺绣，提升了夏布绣的艺术观赏性。新余夏布绣发展迅速，"夏绣"商标已是江西省著名商标。2014年，张小红创办了中国第一所夏布绣博物馆，馆藏总量达1100件（套），最早的藏品为商周时期的骨针。在这里，你能欣赏到夏布与刺绣的天成妙合，了解夏布绣的历史，领略夏布绣的风采，感受"非遗"文化的博大精深。博物馆的镇馆作品为张小红亲手绣的夏布绣《清明上河图》，获第九届中国民间文艺"山花奖"。此外，夏布双面绣《丽人行》以及《富春山居图》先后获中国工艺美术"百花奖"金奖，并有12幅作品被国家级、省级多家博物馆珍藏。

五、高安华林造纸

2007年,江西省文物考古研究所和高安市博物馆联合组成考古队,对高安华林山竹纸加工作坊遗址进行了第一期考古发掘,揭露出大批与宋、元、明三代造纸工艺有关的遗迹,而且时代顺序清楚、功能相互关联,几乎可以完整再现明代宋应星《天工开物》所记"造竹纸"有关原料加工的一整套工序。更令人欣喜的是,2009年10—12月进行的第二期考古发掘,共发掘出水碓遗迹14座,沤竹麻坑10多处,槽房10多处以及蒸煮、拌料、漂洗、槌打台、烧灰坑等各类与造纸相关的遗迹,还出土了晚唐、宋代至明代青白瓷、青瓷、青花瓷、黑釉瓷、白釉瓷等百余件。考古工作者进一步弄清了造纸作坊遗址的整体布局状况、水碓的形态演变,以及明代造纸工艺流程的完善情况,并对华林山古代造纸的规模与商贸路线有了详细的了解,证

华林造纸作坊遗址

实了这是当时我国发现的最早的造纸作坊遗址。

华林造纸以竹子为原料,而作坊遗址所在的山丘上遍生毛竹,说明原料是就地取材。造纸的三大工序中,关键环节是抄造工序,华林造纸作坊遗址内,在抄纸池旁发现了纸药锅的灶,是了不起的发现;最复杂的是原材料加工工序,而该遗址中发现了沤池与烧草木灰的灰坑及废灰的堆场、蒸煮遗迹等等。

造纸术是我国古代四大发明之一,是中华民族对人类文明的重要贡献。自西汉以来的造纸遗物屡有出土,藏之公私的古籍汗牛充栋,但长期以来却没能发现古代造纸作坊遗址,不能不说是一种遗憾。从这一点看,宜春高安华林造纸作坊遗址发掘的重要性是不言而喻的。它对探讨我国造纸术的发展有着重要意义。

其实，宜春的人工竹纸制造业并不仅限于高安华林山，甚至最早也不一定是在宋代。宜春是中国重要的毛竹产地，毛竹分布遍及全境，生长毛竹的山地面积达近2万平方公里。在各地的竹山上，过去都有手工造纸作坊，其中尤以宜丰、铜鼓、奉新三县生产规模最大，产量最多。以客家人聚居为特征的铜鼓县，曾几何时，竹纸制造业几乎成了县内的唯一手工产业，全县百姓大多靠造纸为生。古袁州生产的竹纸远销燕赵乃至关外。现存江西省图书馆的宋应星的《野议》《论气》等几部著作合集，就是用本地产的竹纸印刷的。

宜春的手工竹纸制造业一直延续到了当代，深山老林里，现在还有零星的造纸作坊存在；各地市场也还有手工竹纸（俗称土纸或表芯纸）出售。竹纸广泛用于书写、印刷、包装等，更是制作烟花鞭炮的优质原材料。

虽然据史籍记载，我国竹纸的生产始于唐代，且宋代文人多喜爱浙江富阳的竹纸，而宋应星又说竹纸生产以福建为盛，但高安华林竹纸作坊遗址的发现，则以实物表明了宋明时期宜春竹纸产业的兴旺。

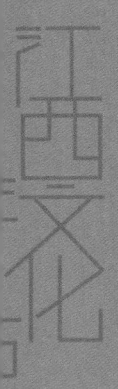

第三章 古村古建

GUCUN
GUJIAN

江西号称"吴头楚尾",但是,袁州却是"越头楚尾",与吴并不搭界。因而,宜春的地方文化既有楚风,又有越韵。这从宜春各县市城乡的民居建筑风格就可以很明显地看出来。宜春、萍乡、万载、新余、上高、宜丰、铜鼓诸县市受楚文化影响,其建筑格式多同于湘鄂;靖安、奉新、高安、樟树、丰城受越文化影响,其建筑格式多类同衢杭。改革开放以来,宜春也和全国各地一样,城乡建筑更新换代,虽有不少古旧民宅被拆除,但仍有许多古村得以保存和修复。例如奉新的岳讷堂、靖安的雷家村、高安的贾家村、丰城的白马寨和厚板塘等等,都已整村保留或修复,成为游人络绎的特色旅游景点。同时得到保护的还有历经沧桑、见证宜春历史的古代建筑,如袁州谯楼、崇文塔、水口塔、城湖古桥等等。当然,不得不提的还有给袁州城带来繁荣昌盛、保护袁州人民免遭水患,在中国古代水利史上占有一席之地的李渠。

这些有着符号代表性的古村古建,让我们不仅感受到古袁州历史文化的厚重,感叹先人的智慧,更体会到现代宜春在传承中华优秀传统文化和生态文明建设中的不懈努力。

一、天宝古村

天宝古村,位于宜春市宜丰县北部的天宝乡境内,距县城23公里,面积2.5平方公里,大广、昌铜高速公路在天宝设有互通出入口。

三国至唐代期间,古村曾经四次为宜丰县治所在地,因此得以以唐玄宗李隆基的天宝年号为名。据县志记载,古村有三街六市,六座城门,十三第宅,四十八条巷,四十八口井,四周设内外八景。目前尚存的主要是明清建筑,有宗祠、亭阁、画锦堂、观音堂、官厅、民居、石碑坊、宝塔、庵观寺庙等几大类;古建筑群属赣派建筑风格,建筑规模达80万平方米,布局强调"依山造屋、傍水结林、坐北朝南"的理念;建筑造型前后几进,前高后低,有侧厅,空间大。古村现有明清古房屋170栋,其中重点保护的有22栋;古石板路总长7375米;古巷43条,总长1490米;古门楼

23个;古井36眼;古桥9座;古牌匾25块;历史标语23条;千年古树46棵。此外,尚有唐代古城墙一段,长1490米;护城河一段,长1631.6米。

明清建筑中著名的有刘氏宗祠、昭公祠、进士第、兄弟义士第、培根职业学校等等。

刘氏宗祠。始建于明弘治七年(1494),原长100多米,宽30多米,有石柱36根、天井24处,结构为五栋一寝,左右祠堂,雕龙画凤。清朝太师太傅、文华殿大学士朱轼亲题"江省名宗"金匾。祠堂曾六次兴毁,于民国三十年(1941)最后重建,于1932年改建为粮仓,后又遭火灾,仅剩门楼。

昭公祠。始建于明万历十二年(1584)。昭公名刘季昭,兄弟四人季铭、季昭、季华、季荣,名字中都有个季字,所以祠堂又叫四季公祠。公祠为"回"字楼,三栋一寝,二拱一亭。整个建筑气势雄伟,总面积1000余平方米,是天宝现存最完整的宗祠建筑,被誉为"江南民居建筑的杰作"。

进士第。始建于清乾隆年间,原名薄亭翁祠,为刘应俊所建。道光二十四年(1844),刘应俊之孙刘拱宸中进士,乃改为进士第。进士第属砖木结构,二进一寝,六扇五间一通廊。

兄弟义士第。始建于清道光元年(1821)。道光皇帝闻刘应葆、刘应份兄弟为人孝义,行善事,义举颇多,七代五世同堂，钦命礼部尚书军机大臣汪廷珍奉旨旌表为"兄弟义士"。该古宅现仅存门楼及门楼上的牌匾，题字、印章字迹仍然清晰可见。

培根职业学校。始建于民国八年（1919），为江西省第一所现代职业学校。创办初年，聘请天宝名宿、留日学者刘天衢（刘师舜之父）担任校长，刘已达（1938年曾任赣州行署专员）任教务主任，有职业教员10余人。

天宝古村为刘姓居民聚居点。刘氏始迁祖刘椿于

宋光宗绍熙元年（1190）在离此不远的大姑岭任巡检，遂安家于此，生息繁衍。刘氏遵循"耕读为本，诗书传家"的儒家传统，成为科举仕宦辈出的名门望族。自宋代以来，刘家共出进士22名、文举人76名、武举人11名、恩赐顶戴178人、国学生417人、文秀才372人、武秀才93人；还获得皇家赐匾25块。元大都总设计师刘秉忠，明朝大臣刘伯温的故里均在天宝；岳飞、林则徐等历史名人也在天宝古村留下了珍贵的墨宝。

天宝古村

天宝古村一角

2007年,天宝古村被评为江西省历史文化名村和中国独具特色名村,成为宜春市十佳乡村旅游点。2014年8月成功入选第一批中国传统村落名录。

今天的天宝古村不仅已成为旅游观光的热门景点,而且成为历史文化、文物、建筑艺术、绘画雕刻艺术以及书法艺术等多门类学者的研究基地,常年游人如织,络绎不绝。

二、南惹古村

南惹村坐落在宜春市明月山风景名胜区洪江镇古庙村南端的崇山峻岭之中,背靠风景秀丽的明月山主峰——海拔1736米的太平山,面对海拔1400多米的玉京山和海拔1100多米的集云峰。

南惹村只有17户居民,全都姓易,自他们的始迁祖开基至今,已在此地世居800多年。据族谱记载,该村原名"兰若"。"兰若"为梵文译音,原意为森林,引申为"寂静处""空闲处""远离红尘之地",也泛指佛寺。这显然正是村民的祖上当初为山村命名的依据。因为这个村子不仅寂静、空闲、远离红尘,而且当时就有诸多佛寺环绕。村中有"新庵",村后有"老庵",老庵侧后的半山腰上还有"瑞庆寺",瑞庆寺后接近太平山顶处还有"太平庵"。这些佛寺都早在易姓村民的始迁祖来此定居的百年之前就存在了,所以

南惹古桥

"兰若"这个地名可以说取得非常贴切。可是，不知自何时起，文化水平不济的外来干部们却根据村民们的口音，把"兰若"误写成了"南惹"。虽然这两个名词的读音相似，但意思却已变得不可理解。

虽然村名还有待更正，但该村的自然和人文景观则特色鲜明，美不胜收。四周群峰环绕，既有巉崖绝壁耸立三丈，令人悚然股栗，又有茂林修竹漫山滴翠，林间漫步野趣盎然。村里连通各处的条条曲径，全是饱经千百年世事沧桑的鹅卵石古道。十几栋土屋建筑在一片数万年前因后山滑坡形成的乱石滩上。虽然经过若干年的土壤化和人工造地，绝大多数的乱石都已埋入土层，但仍有不少巨石如鲸背、如海龟、如水牛、如野猪、如狮、如虎、如桌、如床……赫然裸露在民宅旁边的田地里。发源于后山的三股泉流纵贯村间，直到村前才汇流一处奔腾远去。因此，往来于村里的左邻右舍之间，都要跨越溪流或绕过石障。溪流淙淙，浅唱低吟，像是在倾情诉说着自然造化之奇伟，以及千百年来历代僧众和村民们在此间封闭独处、自耕自食、修身养性、简单生存的生命韧性。

村里最显赫、最吸人眼球的则是两棵树龄长达1600多年的银杏。这两棵参天大树，树干都要六七人才能合抱，树高六七十米，枝叶葱茏，生机勃勃，活力兴旺，仿佛才入中年。每年春夏，浓密的枝叶遮天蔽日，两个树冠连在一块像是一片绿色的云彩飘忽在蓝天丽日之下。秋天，枝叶由淡黄慢慢变成金黄，把整个村庄辉映得像是一座金碧辉煌的宫殿。古树前面是一条鹅卵石古道，树后是两座突兀壁立的巨石；两座巨石间有一个一丈来宽的斜坡豁口，斜坡上是一道古老的石阶。登阶而上，上面是一片平场；平场内侧原本是一座名为"新庵"的禅寺，寺前两座巨石之间的天然豁口恰好构成了一个一夫当关、万夫莫开的关隘，形势隐蔽而险要，可见当年僧人建寺选址的眼光之精明。关隘前的那两棵千年银杏，就是新庵里的僧人种植的，既为寺院增添了美景，也为小寺树立了威严和气势。20世纪50年代，禅寺被毁，一户村民在寺庙遗址上建起了住宅，居住至今。

当地村民靠山吃山，早先，出售竹木是其主要的收入来源；村后还有百亩梯田，种植水稻，粮食可基本自给。现在南惹村成了明月山风景名胜区的一个重要景点，山林严禁砍伐，村民家家户户开起了民宿和餐馆，而梯田则改成了茶园。香猪、石蛙、散养鸡、腊猪肉、腊牛肉、手磨泉水豆腐、魔芋、竹笋等都是本地特产美食，再加上农家菜园里自种的无公害蔬菜，无不让游客们大享口福、大快朵颐。黄精、石斛、葛根粉、玥月山金片茶叶和糯米冬酒则是本地特产药材和饮品，游客们往往大包小罐买回家调养身体。

现在，南惹村已成为游客们游玩明月山必到的打卡之地。

三、厚板塘古村

厚板塘古村,位于丰城市筱塘乡境内,占地约16万平方米,建筑面积4200多平方米。现有古屋建筑30多栋,房屋全由南往北纵向排列,多数为清代建筑;规模宏大、巷道平整,砖墙坚固,木雕精美绝伦,花鸟虫鱼、宫殿寺车及人物形象栩栩如生。2003年7月,江西省人民政府公布其为江西省历史文化名村。2013年8月,厚板塘古村被住房和城乡建设部、文化部、财政部列入第二批中国传统村落名录。

古村为涂氏家族聚居之地,始建于明宣德年间,其繁荣和兴盛始于涂氏十二世祖涂士良。清嘉庆年间,涂士良带着两个儿子前往湖南衡阳经商而致大富,同时结识和资助了当地两名怀才不遇的读书人。一个是后来成为兵部侍郎、湖北巡抚的杨键;另一个是后来成为两江总督、兵部

厚板塘古村一角

尚书的彭玉麟。两人发迹后知恩图报，成了涂士良商业王国的坚强后盾，并保荐涂为从二品通奉大夫。涂士良为了荣宗耀祖，便到老家大兴土木。厚板塘今天尚存的古建筑，基本都是当年所建。

古村坐北朝南，建筑群由西至东，依次设有"进士第""侯祚东绵""丛桂流芳""大夫第""通奉第""文林第"6个巷门，每条巷子都是用麻石条铺砌而成。"丛桂流芳"巷子以东，则是该村三大核心建筑组群。其主体建筑都是六进，呈前低后高之势。涂士良大家族的宅第位于村子的东南部，具有相对的独立性，正显示出它的特殊地位。建筑群的北面和西面，则是普通民居。所有建筑都抬高了地基1.7米，门前巷口都设有九级台阶。抬高地基是为了保持屋内地面干爽，且可防患水灾。九级台阶则寓有"步步高升""家运长久"之意。

"大夫第"是全村保存最完善的一栋建筑。它的第一进是个露天小院，两边分别是马房和轿房。第二进为马夫、轿夫休息候命之处。第三进为大客厅，空间开阔，雕梁画栋，结构复杂，工艺精美。古宅有完整的地下排水系统；在每座天井的南侧都有一个深约2米的井式下水沉淀池，上覆石头盖板，生活污水和雨水流入其中沉淀和净化，然后经下水道流入古宅前的水塘，下水道里放养乌龟，用以疏通淤泥，因此古宅的下水道历经百年，至今也不曾堵塞。第四进主人房，为家人起居之所。第五进为祖宗堂，中间以太师壁隔断，只有做红白喜事或过年才会打开。第六进为全家辈分最高的长者住所。当六进堂屋的中门全开时，就可以看出宅第的地面分六个层次，一进比一进高；而"六"寓"顺利"之意，表示宅主希望子孙"顺利上进"。整个建筑的通风、采光、防火、排污等，全都匠心独运、构想周全。

与"大夫第"隔着一条石板小巷的是"通奉第"，它是从二品通奉大夫涂士良的本宅，是全村等级最高的宅第。因而它与"大夫第"有三处不同：一是第一进为封闭式，二是开间更宽，三是两侧附设了厨房。尤其是在"通奉第"里，还摆有40余个汉白玉衔环兽石墩。据考证，这原本是太平天国洪秀全天王府里的寿墩；彭玉麟镇压太平天国后，便把这些掳掠之物赠给了涂家。"通奉第"的门是用汉白玉镶嵌的，上面雕刻着"三阳开泰""喜上眉梢"和"萧何月夜追韩信"等精美图案。"通奉第"两侧的厨房也别具一格，共有四组八个连体灶，为综合解决通风、采光、卫生、消防等问题，特别设计了多个天井；厨房门上的五道锁，则显现了中国古代高超的防盗技术，不知奥妙无法解开。

比较奇妙的是，"丛桂流芳"宅院的大门与其他宅第的朝向不同，其他的都朝南，而它却朝东。究其原因，估计是此院落中有涂家的私塾"凝秀轩"，涂氏的后代均在此读书；而涂士良期望子孙后代个个蟾宫折桂，故取院名为"丛桂流芳"，而要"丛桂流芳"，必须"紫气东来"，所以宅院大门必须朝东。

在"丛桂流芳"门前不远,有涂氏的私家码头甘棠港,当年有水道连通赣江。甘棠港内设有7个拦船墩,如果外面有船擅闯进来,没有村里人的指引就很难出去。这是涂家独特的防护设施。

厚板塘地处赣抚平原边缘,四周都是良田沃土。站在村前朝南远望,可见青山如画屏;近处则有秀水环绕,恰如玉带缠腰;布局寓有"锦绣在前"和"腰缠万贯"之意。村前水面广阔的荷花塘,因形状似月亮,又称月塘。夏季水面上荷叶田田,莲蓬柄柄,清风徐来,阵阵荷香扑鼻;水中则见鱼儿嬉戏,白鹭在日间觅食,众生和谐相处,好一派清新自在的田园风光。村旁还有白塔亭亭玉立,在阳光照射下熠熠生辉。游览厚板塘古村,既可以欣赏到博大精深的中国古代豪宅营造艺术,也可以了解一个家族的兴衰史,还可以领略美不胜收的田园风光。

四、袁州谯楼、李渠和崇文塔

袁州谯楼，又称宜春鼓楼，位于宜春市中心城区鼓楼路步行街。始建于南唐保大二年（944），南宋嘉定十二年（1219）建成为集测时、守时、授时三大功能于一体的地方天文台。

袁州谯楼由主台、南观天台、北观天台及主台上的谯楼组成。台基占地780平方米，主台高6.05米。谯楼通面阔27.3米，通进深11.8米，高10.8米，坐西向东，抬梁式木构架，重檐歇山顶。南北两侧观天台各长19米，宽7.6米。主台和南北观天台呈"π"字形布局，城台下辟石质拱券，东西拱券分别嵌有"鼓楼""会晖"石额。南北两个观天台上陈列着地动仪、日晷、黄道经纬仪等天文观测仪器，楼内有铜壶滴漏、古钟、大鼓等测时、报时设施。2006年5月，袁州谯楼被国务院核定为全国重点文物保护单位。

袁州谯楼

江西省科学技术委员会于1994年10月确定袁州谯楼为中国现存最早的地方时间工作天文台。研究表明,袁州谯楼主要采用"铜壶滴漏"来守时、报时和授时,其所测时间与现代的"北京时间"相比,每天只差20秒。这一发现对研究中国古代天文学史有着重大的历史意义和参考价值。

李渠是宜春水利史上的一项重大工程,有专业的统筹规划和精确的勘测计算,具有很高的科技含量。该渠开凿于唐元和四年(809),距今已有1200多年。主持兴建这一工程的是当时的袁州刺史李将顺,因此,人们便将该渠命名为"李渠",以为纪念。

当时袁州城因地势高亢，北城墙下的袁河水面低于城市地面数丈，居民取水极不方便；城内多次发生火灾，都因远水难救而造成重大伤亡和财产损失，甚至危及州、县衙门；且西门城外200多亩农田又常遭旱灾而无水灌溉。于是李刺史决定在自己任内解决这个问题。他亲自勘测水源和渠道线路，亲手规划和设计，而后征调民工开工建设。

整个李渠工程由以下几个项目组成：一是将发源于明月山的清沥江水及其支流沙陂水改道，引至城西的林桥与秀江合流。二是在改道河段扇状盆地陂头设堰取水；修建明渠，经过州城西郊，分流部分渠水灌溉西郊耕地，另一部分河水经明渠流入城内。三是渠道穿过西城墙根进入城内，而后穿城而过；城内上游段采用明渠，中、下游采用暗渠；设有三条接水渠和三条泄洪减水渠，组成城市水网，分别穿越城内各街区，最后由北城墙根和东城墙根出城，流入秀江。这样的水网结构，保证了城内各街区居民都能方便地取用渠水。四是附属工程：明渠上建有大小斗门37座，大小

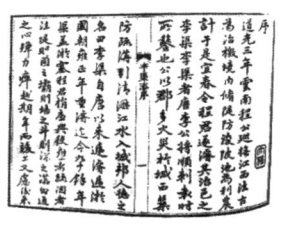

《李渠志》内文

桥梁27座,以方便两岸居民往来通行。渠道全长约5000米;明渠段宽、深各3.33米,砖砌清水墙体铺底和护岸;暗渠主渠宽1.2米、高1.6米,支渠宽1米、高1.4米,同样采用砖砌清水墙体,以砖砌拱券盖顶,拱上覆土隐藏暗渠。

李渠自修成后,历史上曾经先后疏浚过16次。其中比较大的疏浚发生在北宋至道三年(997)、天禧三年(1019)和南宋宝庆三年(1227)。此后直到清道光四年(1824)才又有一次大的疏浚。最后一次疏浚是清光绪八年(1882),不久它便从人们的视野中消失了。

李渠虽然已在清末民初结束了它的历史使命,但千百年来,它给袁州府城人民带来的福利,是怎么形容都不过分的。清朝宜春举人唐大年曾作过一首《渠上谣》赞之曰:

狮子山头空采茶,凤凰山下水难车。
李渠一夜生新水,喜煞渠边一万家。
渠上人家渠下田,田家作水向渠边。
行水顽往熙熙来,怨煞干旱是去年。

这首打油诗生动地表达了袁州府城及郊区居民得益于李渠后的幸福快乐之情。特别值得一提的是,整体的李渠虽然消失了,但李渠的许多暗渠分支,却至今还在发挥着作用;现今整个宜春老城区的下水道,很大一部分就是由当年的李渠分支改造而成的。

崇文塔

　　崇文塔，坐落于宜丰县城南屏公园东端的一座小山上，宜丰人民的母亲河——耶溪在塔下的山脚边汩汩流过。20世纪80年代以前，崇文塔一直是宜丰县城最高的建筑，无论从哪个方向来到宜丰县城，首先映入眼帘的便是高耸的崇文塔。因此，崇文塔理所当然地成了宜丰县城的标志性建筑。1983年9月，它被列为宜丰县第一批重点文物保护单位；1987年12月，又被公布为江西省第三批重点文物保护单位。2015年,县政府利用省保资金将崇文塔修缮一新,并布满彩灯。每当华灯初上,优雅的塔身显得格外轻盈剔透;月明之下,与城市相辉映,成为一处亮丽别致的风景。

崇文塔于明天启六年(1626)创基,崇祯四年(1631)建第二层,崇祯十三年(1640)建第三层,清康熙元年(1662)建第四、五层,康熙五十六年(1717)才续建第六、七两层,前后历时91年始封顶合尖。乾隆四十年(1775),改砖刹为瓷刹;嘉庆二年(1797)又改瓷刹为铜刹;光绪十九年(1893)进行了一次修葺。该塔自奠基至今已近400年,因此也是宜丰县城最古老的建筑。

崇文塔建塔缘起明天启年间,当地知县发现本县文教科举衰落、民风转而刁悍,所以建一高塔,以振兴文教和阻止民风堕落。但由于财力有限,只建了一层就成了烂尾工程。幸得后来历代历任知县锲而不舍,才终于在历时91年之后,将塔建成。

崇文塔规制为七层八面,楼阁式,砖石结构,以桐油石灰为黏合剂,塔体里外都以白石灰粉刷。塔高45.5米,每两层间有腰檐与平台,平台面敷石板,石板下置龙纹瓦当和凤纹滴水。底层外对径8米,内室对径4.3米。从第二层起逐级收分。第七层外对径6.5米,内室对径3.2米。第五层西北向的门上镶嵌石质塔铭一方,上刻"崇文塔"三个大字和"光绪十九年重修"一行小字年款。底层南、北、西三向各开一券门，东门为假门，形似神龛。西门一侧夹层砖壁内设石阶梯通道，绕南折至东盘旋而上至第二层，直至塔顶，层层均同。各层梯道门错向而开，使整个塔体各方配置相等。第二层以上各层设四实门、四虚门，错向而开，其中三虚门的上端又变化为形状不同的通风窗。实门与虚门间的夹壁内设迂回转折的甬道和三五级台阶，游人可由此登上塔身外侧的平台，广眺四野。由于梯道与门间甬道迂回曲折，且各层位置都有变化，使人如入迷宫。塔室为穹隆顶，正中嵌石上留有一悬垂线的圆孔，石下部刻八卦图，每室3—4个壁龛。第五、七层设有神台，最高层壁龛上方塑四大天王像。塔盖为八合攒尖顶，下为覆钵，中置宝瓶，尖冠宝珠。檐角有铁质风铃。

　　崇文塔旁原有崇文寺，现已毁圮，遗迹无存。

第四章 袁州名人

YUANZHOU
MINGREN

袁州最早的历史文化名人是一批隐士。所谓"隐士"一般指具有很高的文化水平和思想修养，具备了当官做吏治国安民所需的知识与能力，却出于主观或客观原因而未能出仕，或拒绝出仕而选择归隐的人。当然，只有那些能保持独立人格、追求思想自由、不肯委曲求全、不愿依附权势、具有超凡才德学识、崇尚自然无为的人生哲学，并且完全是自觉自愿选择隐修，专注于学问研究的人，才配称为真正的隐士。而袁州所出的几位著名隐士，就都是这样的高人。

袁州历史上所出高官大吏不及抚州、吉州、洪州等兄弟州府多。但江西的科举文化却是首先从袁州兴起的。唐宪宗元和十四年（819）十月，韩愈从潮州转任袁州刺史，是袁州文风勃兴的一个重要历史机遇。韩愈在袁州做了两件大事：一是关注民生；二是力推教育，兴办县学和州学，并鼓励私家开办书院，提升民众文化素养。据统计，整个唐代江西一共出了56名进士，其中29名出自袁州（即现在的袁州区、萍乡和新余市范围内），如果以现在的宜春市范围计算，则多达36名；甚至有好几届，江西考取的进士全是袁州人。因此，当时民谚说"袁州进士半江西"，一点也不夸张。

袁州名人的另一个显著特点是，许多地位并不显要的中小官吏，甚至未出仕的读书人，如宋应星、周德清等，以他们非凡的学术成就和不朽著作，产生了比众多高官大吏更大的社会和历史影响。又如中国近代物理学研究的开拓者和奠基人之一吴有训先生，不只是一位出色的物理学家，还是一位杰出的教育家，研制"两弹一星"的中坚力量多是他的弟子。这些灿若繁星的袁州名人，用他们智慧的闪光，照亮了宜春历史的天空，激励着一代代宜春学子奋发努力。

一、隐逸高士

袁州地名之源——袁京

袁京(生卒年不详),东汉汝阳人。据《江西通志》记载,袁京为东汉司徒(相当于后世之宰相)袁安之次子,因而一出仕便当上了郎中,稍后又升迁为侍中,接着又外放为蜀郡太守。汉朝郡太守为年薪两千石高官,蜀郡乃天府之国,肥缺也。然袁京不仅对此毫无兴趣,而且十分厌倦。因而袁京辞官远徙宜春,隐居于县城北山之麓,潜心研究孟氏易,作《难记》16万字,为东汉研究易经有成就的名士之一,世称袁高士;死后葬于其庐寓后山之腰。邑人因以其姓命名该山为袁山,山前之河为袁水。后宜春设置州府时,亦名为袁州。

传说当年袁京寻觅隐居之地,行至宜春县城时,见城北一山连绵,大小两峰耸立,山上林木葱茏,鸟雀啾啾,山下一水东流，飘曳如带，水岸山麓花树点染，幽雅清静，于是伫立久之，终于属心于此，乃刈茅结庐，居留不去。从此，读书究经，通天地之奥秘；抚琴引鹤，享自然之清福。

袁京是继东汉大隐士严子陵之后，第二位最具影响的隐士。明代文学博士方孝孺在《高士袁京赞》中赞曰："翳袁之山，富春并峻。竞袁之水，严滩比清。严袁两公，东汉齐名。"遂使袁山和富春山、袁水和子陵滩，两地双贤并峙，齐名天下。而明朝的另一位诗人叶涵云则更是对袁京推崇有加，他赋诗曰："汉室两伟人，千古更无比。子陵义诚高，毕竟有所倚。天子为故人，调节卧不起。客星犯帝座，光武成其美。匹夫百世师，劈空楼台起。矫矫留孤踪，先生犹贤矣。"意思是说，严子陵的声名之高，毕竟与他和汉光武帝刘秀曾是同

袁京像

学有关，这个是无可比拟的。而袁京没有皇帝的光环衬托，他纯粹是靠自身的学问涵养、文章道德而获得了老百姓的赞美和敬仰，因而，只有他才是真正的"匹夫百世师"，成为普通老百姓的人生榜样。

宜春人民为纪念袁京，还修建了高士祠，兴办了高士书院，并把通往袁山的一条街道命名为高士路。袁京的第六十五世孙、"杂交水稻"之父袁隆平院士还为位于袁山公园内的袁京墓题写了碑铭。

鹧鸪诗人一字师——郑谷

郑谷（约851—910），晚唐著名诗人，字守愚，袁州宜春县人。唐僖宗时进士，官都官郎中，人称郑都官。又以《鹧鸪》诗得名，人称郑鹧鸪。其诗多写景咏物，表现士大夫的闲情逸致。曾与许棠、张乔等唱和往还，号"芳林十哲"。原有集，已散佚，存《云台编》。《全唐诗》收录郑谷诗327首。

鹧鸪

暖戏烟芜锦翼齐，品流应得近山鸡。
雨昏青草湖边过，花落黄陵庙里啼。
游子乍闻征袖湿，佳人才唱翠眉低。
相呼相应湘江阔，苦竹丛深日向西。

重修的郑谷读书草堂

郑谷7岁能诗,"自骑竹之年则有赋咏"。其父郑史,唐开成年间为永州刺史,与当时著名诗人、诗论家司空图同院,图"见(郑谷)而奇之",拊其背曰:"当为一代风骚主。"及冠,应进士举,凡十六年不第。僖宗广明元年(880)黄巢入长安,谷奔西蜀。光启三年(887)终登进士第。昭宗景福二年(893)授京兆鄠县尉。迁右拾遗补阙。乾宁四年(897)为都官郎中。天复三年(903)左右,归隐宜春仰山书屋。卒于北岩别墅,安葬于宜春城北江北岭。北宋时期,袁州太守祖无择曾主持修缮其墓,如今已无迹可寻。宜春城内有鹧鸪路,即以纪念郑谷而名。

郑谷还有一个顶有名的故事——"一字之师"。据记载，就在郑谷隐居宜春仰山寺旁的草舍读书创作的时候，有个名叫齐己的诗僧携《早梅》一诗前来拜谒请教。郑谷读到其诗中有"前村深雪里，昨夜数枝开"一句时，对齐己说："'数枝'非'早'也，未若'一枝'佳。"齐己一听，不觉称妙，当即倒身下拜说："先生真是我的一字之师也！"直到今天，"一字之师"的故事仍为人们所津津乐道。

郑谷实为继陶渊明后，江右又一著名隐逸诗人。位于宜春仰山的郑谷读书草堂曾是宜春历代名胜，尤为文人墨客所景仰，宋朝的范成大、辛弃疾、朱熹等都曾到这里凭吊。

二、袁州状元

江西状元之首卢肇

卢肇（818—882），字子发，宜春文标乡（今分宜县杨桥乡观光村）人，唐会昌三年（843）状元，为江西历史上第一个状元。

卢肇祖籍范阳（今河北涿州市），其曾祖父卢挺在唐德宗时为袁州刺史，致仕后定居当时的宜春县文标乡观光村。但他的祖父卢显春和父亲卢华廷都没有考取功名，均以执教于乡野为生计，因此家境衰落，贫困窘迫。他在《送弟》诗中叹曰："去日家无担石储，汝须勤若事樵渔。"

卢肇虽家贫，但笃志好学，自强不息。他四处寻师苦读不已，夜晚读书没有灯油和蜡烛，就点竹篾片照明，像战国时期的苏秦一样"悬梁刺股"，以冀上进。他在学业上也得到不少名人高士的指教，元和十五年（820），大文

卢肇像

学家韩愈被贬到袁州担任刺史时，卢肇便在学业上拜韩愈为师。后来宰相李德裕被贬到袁州赋闲，他也恭敬上门求教。

然而，卢肇的科考之路并不顺畅。他于唐开成五年（840）和会昌二年（842）两次参加会试，都不第而归。但他并不灰心，会昌三年（843）再次应试，终于皇天不负有心人，高居榜首，独占鳌头，成为江南西道有史以来第一位状元郎。当时全国每年经州府考试选拔到京应试的举子都多达两三千人，而有幸中试的不过二三十人，录取率仅为百分之一。这次与卢肇一起金榜题名者也仅有22人。"三十老明经,五十少进士",这是当年坊间描绘儒生进取不易的民谚。也就是说,一般儒生,50岁时能考中进士就不算太晚。而这时卢肇才25岁。

江西第一,少年夺冠,也正是卢肇能成为江西科考史上一颗永不湮灭的灿烂明星的根本原因。卢肇本人对此也颇为自豪。他在《成名后作》一诗中曰:"桂在蟾宫不可攀,功成业熟也何难。今朝折得东归去,共与乡间年少看。"

卢肇为人性格刚毅,有大气节,不肯依附权贵跑官要官,以致高中状元后,竟然将近四年未得朝廷安排一官半职。为此,他不得不到武昌军节度使卢商的幕府去当了一名"从事",后又远奔山西做了太原节度使裴休的门吏,再后又到潼关防御史纥干臮帐下当了一名防御判官。这段困顿无奈的幕僚生涯长达17年。

状元洲中的"江西第一状元"雕塑

有人知道他和早年贬谪袁州的李德裕曾有过一段师生情谊，故劝他去找当时正执掌朝政的宰相李德裕求助。但他深知朝廷里"李党""牛党"形同水火，正斗得难分难解，自己若被"李党"重用，必然成为"牛党"的眼中钉，虽可得一时之荣，却难免后日之祸，因而理智地选择了中立。直到咸通五年（864），才在中立状态下被朝廷正式任命为秘书省著作郎，半年后升迁为户部员外郎，充集贤院学士，一年后外放安徽歙州任刺史。他在刺史任上小心谨慎，勤政爱民，严格执行国家法令，得到了老百姓的爱戴。

卢肇还在政事之余创作了一篇学术散文《海潮赋》，成就了他一生学术研究和文学创作的高峰。该文以骈体文形式，阐述了日月运行与海潮形成以及海潮大小的关系，提出有关潮汐的 14 个问题，并作解答。现在看来，其中当然有一些谬误，但在当时还没有任何一位高人对这个问题的见解和阐释有他深刻和明晰；加上他的文笔优美，洋洋洒洒下笔千言，行云流水，畅快淋漓。因此，文章一出，立马就轰动文坛，誉满朝野。连皇帝也称赞"卢肇文学优赡，时辈所推。穷测海潮，出于独见""足称一家之言，以祛千载之惑。其赋宜宣付史馆"。

然而，就在皇帝赞誉《海潮赋》仅仅 3 个月之后，卢肇却突然被罢官回籍，不久又被贬谪为连州司马。据卢肇在《被谪连州》一诗中透露，他的遭罢被谪，是因为"黄绢外孙翻得罪"，也就是像后世的苏轼一样，犯了"文字狱"，但到底因哪篇文章得罪的,则不得而知。

后来,朝廷又重新起用他先后任宣州和池州刺史。也有资料说他还当过吉州刺史,并逝于吉州刺史任上。可查《吉州府志》,并无此记载。卢肇夫人孙氏的墓铭中,也只云卢肇"以至虎符三佩",可佐证卢肇只当过歙州、宣州和池州三地刺史。另据分宜《芦塘卢氏族谱》记载:肇于"广明元年(880)自新安致仕归乡娱老,中和二年(882)八月初一巳时殁",享年64岁。可见,卢肇确实没有当过吉州刺史,很大的可能是朝廷有此诰命,而卢肇出于身体原因未能就任。

卢肇有一妻一妾,八子六女。除长子文秀及其后人留居故土之外,其余兄弟皆因当官或谋生而散居于外地,因此,现在全国很多地方都有卢肇后裔。值得一提的是,他的长子文秀娶了袁州第二位状元易重之女,因而卢文秀既是状元之子,又是状元之婿,且亦考中进士,官授长安令与弘文馆学士,成为一段流传千年的佳话。

卢肇著述颇丰,计有《海潮赋》一卷、《通屈赋》一卷、《大统赋》两卷、《文标集》三卷,并且著有《愈风集》《庙堂龟鉴》《卢子史录》《逸史》等一百余卷。但以上著作多已散佚,今仅存《文标集》三卷。

卢肇的道德文章,不仅在晚唐时期的文人中颇负盛名,而且一直为后世历代文人所推崇。的确,卢肇虽然后来未能当上高官大吏,但他的影响却在宜春(袁州)乃至整个江西历代不绝。千百年来，卢肇就是袁州历代莘莘学子心中的典范，也是一面永远飘扬在袁州读书人心中的旗帜，激励着故乡青少年勤奋读书，努力上进。

易重二度折桂

易重（806—872），字鼎臣，唐代宜春温汤九联坊人，江西第二个文科状元。

易重出身于书香门第，官宦之家。其祖父易思，文采超迈，尤善诗词，唐贞元年间进士及第，官彭泽令。父亲易经大，举孝廉入仕，官大理寺评事。易经大生有四子，长子易之武、次子易偲、三子易重、四子易裏。由于受家庭熏陶，易重兄弟四人皆胸怀远大，笃志好学，后来都有所建树，老大易之武于唐宝历元年（825）考取进士，老二易偲成为有名诗人，易重更是出类拔萃高中状元。

易重从小天赋异禀，才思敏捷，且勤奋不懈，博览诗书，精通经史。7岁能文，8岁能诗，一时文声鹊起，名噪府县。有一年时任宜春县令的卢萼闻说易重奇异，特意到九联坊探访，想试一试易重的才学到底如何，便出上联曰："四虚绿荫收眼底"，易重轻松对答"万户喜忧记心头"。卢县令听后十分惊讶，又曰：'子既晓得诗，可题吾纱帽。"易重略加思索答曰："翰林身价贵，头脑尽文章。顶戴君恩重，无能一日忘。"卢萼称赞道："果真神童，孺子可教也。'

易重和卢肇等宜春第一批冒尖学子，都曾师从当年被贬谪到宜春任刺史的韩愈。唐文宗大和九年（835），当朝宰相李德裕在"牛李党争"中受挫，被贬为袁州长史，官场失意，门庭冷落，寓居化成岩，过着清冷落寞的日子。然而卢肇、易重、黄颇等宜春学子，仰慕其锦绣文章，经常投以文卷诗赋，拜其为师，故受益匪浅，学业大长。

会昌二年（842）宜春举子齐聚州学，共议进京赶考大事，易重说："方今天下大比，才聚宜春，倘若都往比试，必自相抗衡，不如分期应举为佳。"于是主动放弃次年的会试，而让卢肇、黄颇、李潜等人赴考。卢肇等人果不负众望，会昌三年（843）春闱放榜，卢肇状元夺魁，而黄颇、李潜也考取同榜进士，该科进士全国只取22人，而宜春一县就占了3名，卢肇还是头名状元。卢肇等衣锦还乡，州县官员设宴接风洗尘，乡贤宿儒齐聚祝贺，准备要入席时，大家请状元公卢肇上坐首席。卢肇出于谦虚，礼推易重坐首席；谁料易重竟毫不客气，真就大大方方坐了上去，并拱手风趣地对卢肇说："这首席本应状元公坐，既然你这么谦让，那就恭敬不如从命，权当今日借个首席，下届一定奉还。"此言一出，四座皆惊，一片哗然。众人都觉得易重过于狂妄，这状元岂是随意保证考得中的？有的人甚至等着要看易重的笑话。可事情就有那么凑巧，后来易重果然高中状元，真的还了卢肇一个首席，一时传为佳话。

唐会昌五年（845），易重、鲁受等参加京城会试。发榜时进士及第27人，张濆第一，易重名列第二，鲁受也榜上有名。但名士、举子皆以为此科取士不公，议论纷起。武宗即命翰林学士白敏中复试，结果张濆等7人被黜落，易重获第一，时人皆以为公允。由第二变第一，易重兴奋不已，即作《寄宜阳兄弟》诗曰："六年雁序恨分离，诏下今朝遇已知。上国皇风初喜日，御阶恩渥属身时。内庭再考称文异，圣主宣名奖艺奇。故里仙才若相问，一春攀得两重枝。"过去进士及第荣称"蟾宫折桂"，因为易重两次考中进士，便是两次"折桂"，因此后来宜春易氏后裔堂号称为"重桂堂"。

易重官至大理寺评事，为政清廉，秉公理讼，善断奸伪，惩恶扬善，时人赞誉。后游宦各地，纠察刑狱。唐咸通十三年（872）巡视至筠州上高，因劳碌过度，身染疴疾，卒于任上，享年66岁。易重善诗，尤工文，有诗文千篇，名震一时，惜多已散佚，《全唐诗》仅存其《寄宜阳兄弟》诗一首。

易重一门祖孙三人为进士，而且自他们之后的唐宋年间，易氏裔孙先后有易标、易少仪、易伦、易随、易著名、易乾九等数十人进士及第，人才辈出，显赫一时，为唐宋时期"袁州进士半江西"做出了重要贡献。宋理宗端平三年（1236），朝廷敕建九联坊，以彰其事，这就是温汤九联坊的由来。

为纪念卢肇和易重，后人在他们当年勤学苦读的地方

九联坊易氏宗祠

修建了许多亭台楼阁，其中以宜春秀江中的状元洲最为壮观。状元洲本名"鸭婆洲"，后因卢肇曾在此苦读而改名为"卢洲"，并建"卢肇读书堂"。明正德年间，宜春大财主刘诚将状元洲买下，建了

"卢洲书屋"，洗砚濯缨、钓鱼赋诗，好不逍遥。清代，又在洲上建了一座"三元阁"，以缅怀卢肇、易重、黄颇等袁州才子。后袁州知府又在旁边建了座"文标阁"。这些设施因历史上的洪灾多次损毁，几经重建，目前尚存"三元阁"和"卢洲书屋"，已成宜春文化旅游胜迹。

三、文史大家

刘恕、刘攽和《资治通鉴》

刘恕(1032—1078),字道原,高安县人,生于宋仁宗明道元年(1032),与父亲刘涣、儿子刘羲仲并称"高安三刘"。他于皇祐元年(1049)举进士。初任邢州钜鹿县主簿,迁升晋州和川县令。后得到司马光赏识,升迁为著作佐郎,加入《资治通鉴》编修班底,实为副主编。官至秘书丞。元丰元年(1078)九月病逝,年47岁。著名文学家、书法家黄庭坚为其撰写了墓志铭。

刘恕从小就十分聪慧,读书过目成诵。8岁时,家有客人说孔子没兄弟,他立刻举《论语》"以其兄之子妻之"一句以对,举座皆惊。可见他幼时即已熟读经书。13岁时,他想应制科考试,向别人借了《后汉书》《旧唐书》,过了一个月就都归还了。16岁时,他去拜谒宰相晏殊,向他

刘恕像

请教,反复追问,结果有的问题连晏殊也被他问住了。宋仁宗皇祐元年(1049)京师会试时,皇帝有诏,能讲经义的考生另外奏名。应诏的只有几十人,刘恕为其中之一。主考官向刘恕提了二十几个关于《春秋》和《礼记》的问题,他对答如流,先谈注疏,再列举先儒们各种不同的看法,最后发表自己的见解。主考官大为惊异,遂擢他为第一,即所谓"会元"。虽然廷试没举状元,但再让他到国子监试讲经书时,又列为第一,于是被赐进士及第。

宋治平三年（1066）四月，司马光始修《资治通鉴》，英宗命他自选馆阁英才当助手，笃好史学的刘恕首先入选，加入编修班底，升迁为著作佐郎，专在史局修书。刘恕博闻强记，自《史记》以下诸史，旁及私记杂说，无所不览。在《资治通鉴》的编修过程中，刘恕也最受倚重。司马光遇到纷杂难治的史实，多由刘恕处理。比如五代十国这段历史，"群雄竞逐，九土分裂，传记讹谬，简编缺落，岁月交互，事迹差舛"，司马光认为"非恕精博，他人莫能整治"，因此五代的编写任务就交给了他。至于编书的通部义例、编次安排、编修断限等问题，司马光都和他进行专门讨论。所以，同修刘攽、范祖禹等人都共推刘恕为先，认为刘恕"功力最多"。

熙宁三年（1070），司马光因反对王安石变法，出知永兴军。刘恕也受牵连，自度京师难留，便请求到南康（今庐山市）监酒税，归养父母。稍后，改任秘书丞，赐五品服色，诏他在家修书。元丰元年（1078）九月病逝，年仅47岁。其父刘涣将他葬于星子城西。元祐八年（1093）十一月，其子刘羲仲将其迁葬于江州德化县（今九江市）之龙泉。黄庭坚在《刘道原墓志铭》中写道："道原天机迅疾，览天下记籍，文无美恶，过目成诵。书契以来，治乱成败，人材之贤不肖，天文地理氏族之所自出，口谈手画，贯穿百家之记，皆可覆而不谬。初仕年十八，名重诸公间，负其才不肯折节下人，面数人短长，不避豪贵，诸公皆籍其

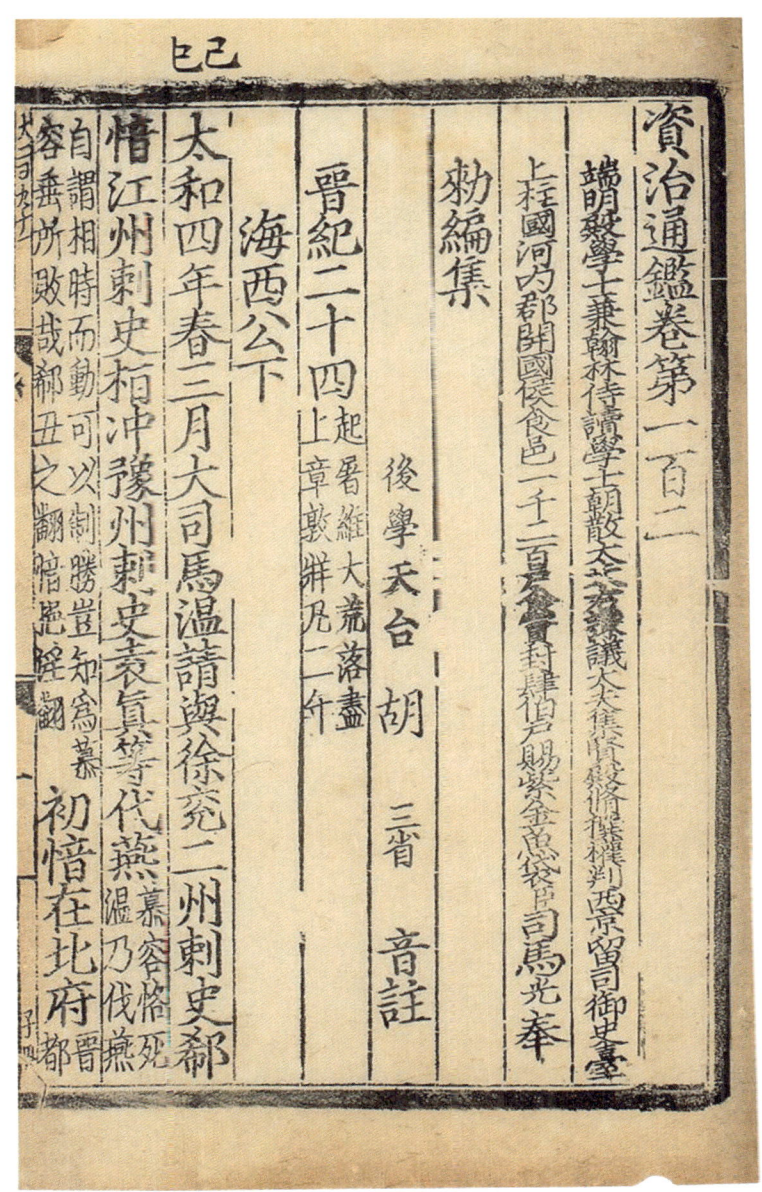

《资治通鉴》内文

名……多自以为不及也。"

刘恕为人廉洁刚直，史书说他在地方为吏时，"严簿书，束胥吏，抚鳏寡，绳豪猾，纤细曲直，可为后世法"。在政治上，虽然他反对王安石变法，但他并不像某些人那样，当面赞成，背后诋毁，口是心非。他总是"面指其事，是曰是，非曰非""议其得失无所隐"。对质朴厚道者，他会亲之如兄弟；而对那些奸佞谄谀之徒则疾之如仇。他家境贫困，可为官清正，一毫也不妄取于人，与"不持一砚归"的包拯同以廉吏著称。有次他从洛阳南归，已届初冬，可还没有御寒的衣物。临行之时，司马光送给他几套衣袜和一床旧的豹皮褥子，他再三辞谢。但司马光执意要送，他只好勉强收下。可他下次到颍州时，将司马光所赠全数奉还。司马光是他的最知己者，送点衣物都不肯接受，可见其廉洁之甚了。

刘恕还非常爱好藏书，家中"百楹书万卷"，但犹嫌不足，往往求书不远数百里，亲自去抄录。亳州知州宋次道家有不少藏书，刘恕便绕道到亳州借阅。宋次道每天设馔款待，以尽主人之谊。刘恕却辞谢说："此非吾所为而来也，殊废吾事。"于是把自己关在藏书阁里，"昼夜口诵手抄，留旬日，尽其书而去，目为之翳"。刘恕平时在家读书也总是废寝忘食，"家人呼之食，到羹冷而不顾；夜则卧思古今，或不寐达旦"。到病情恶化时，他还在借别人的书来参校自己所著之书的是非得失。

熙宁三年（1070）冬，司马光出守京兆，第二年改判西京留司御史台，一直退居洛阳，仍以书局自随。已告归南康的刘恕遥隶局中，为了与司马光面商修书事宜，刘恕于熙宁九年（1076）不远千里，风尘仆仆前往洛阳。在南归途中，他不幸遭母丧，悲痛欲绝，兼之一路风寒，不久就得了风挛疾，右手足偏瘫。可他虽卧病在床，仍然"苦学如故，少闲，辄修书，病亟乃止"。除负责所编的《通鉴》长编未完稿外，原计划撰写的《通鉴外纪》也没完成，刘恕便赍志而殁。

刘恕生前单独完成了《资治通鉴》魏纪、隋纪和五代各纪共一百三十五卷；另著有《十国纪年》四十二卷，《疑年谱》《年略谱》各一卷，《通鉴外纪》十卷。

刘攽（1023—1089），北宋著名史学家。字贡夫，一作贡父、赣父，号公非。樟树市黄土岗镇荻斜墨庄刘家人。庆历进士，历任曹州、兖州、亳州、蔡州知州，官至中书舍人。一生潜心史学，治学严谨。

刘攽邃于史学，与司马光同修《资治通鉴》，专职汉史，作《东汉刊误》，为人称颂。刘攽、刘敞与敞之子刘世奉尝合著《汉书标注》，世称三人为"墨庄三刘"。刘攽卒后，家中除藏书千卷外别无财产。其妻指藏书教子女珍惜传承曰："此乃'墨庄'，汝辈当耕作无穷也。""墨庄"之谓，即出于此；"墨庄刘氏"也因此被奉为古代家庭教育的典范。

刘攽学识渊博，与兄刘敞齐名。欧阳修称其"辞学优赡""记问赅博"。苏轼在草拟刘敞任中书舍人的制书中称赞他"能读坟典丘索之书,习知汉魏晋唐之故"。王安石称赞他"笔下能当万人敌,腹中尝记五车书""才高意大方用世""能言奇字世已少"。曾巩赞扬他"广览载籍,强记洽闻,求之辈流,罕有伦此"。

刘敞著作极为丰富,除《资治通鉴》外,自己独立完成的著作还有百卷。其中,最有代表性的史学著作有《东汉刊误》四卷、《汉官仪》三卷、《经史新义》七卷、《五代春秋》十五卷、《内传国语》二十卷等,又著有《公非集》六十卷、《文献通考》、《文选类林》、《中山诗话》等,并行于世。

刘敞也是宋代著名诗人和文章大家。他的诗歌风格较为生动,与欧阳修有相似之处。他的文章更受到同时代的曾巩和后来的朱熹等人的高度评价。他的诗文由后人结集汇编成《彭城集》四十卷。

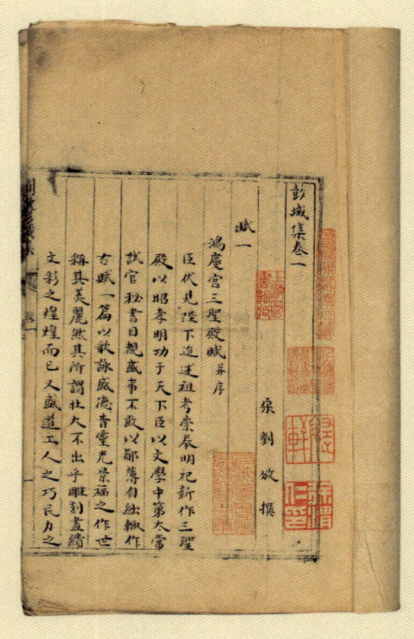

《彭城集》内文

刘攽与王安石私交甚厚,但在政治上却反对王安石变法。于是,王安石把他贬为泰州通判,不久又转为曹州知州。熙宁十年(1077),刘攽转任开封府南司判官。后又改任京东转运使,兖州、亳州知州等职务。不久,由于继他担任京东转运使的吴居厚控告他渎职,他便被贬往衡州任盐仓监仓。

元丰八年(1085)神宗逝世,哲宗继位。执政的宣仁皇太后高氏起用司马光、吕公著等人。刘攽不久亦被起用,先是任襄州知州,很快就回到汴京担任秘书少监,最终升迁为中书舍人。中书舍人掌管起草诏令,是一个非常重要的职位。但这时刘攽已年过六十,且身体多病,至元祐四年(1089)去世,卒年67岁。

刘攽为人幽默诙谐,不拘小节,出言无忌,还喜欢作弄人;既给人带来娱乐,又常弄得人哭笑不得,有时甚至带来怨怼。有个故事说,有一次刘攽去王安石府上拜见,家仆报称相爷正在吃饭。刘攽便跟以往一样大大咧咧直接走进王安石的书房,看见王的书案上放着一份文稿,拿起一看,是王安石亲笔草就的一篇军事论文。刘攽历来读书过目不忘,因而迅速记下了文章的内容。他知道王安石向来以自己的思想观点与别人雷同为耻,凡发议论必欲出人意表,忽然想要作弄一下这位副宰相,于是把文稿妥妥帖帖放回原处,转身退出书房和大堂,站在堂前屋檐下的走廊等候召见。直到王安石吃完饭让家仆来叫他,他才装作毕恭毕敬地重新来到书房拜见。王安石见面就问："今日你干吗站在堂外，不径自进屋来坐？"刘攽回答说："下官年少职卑，拜见相爷，岂敢冒昧？"王安石便不以为然地哈哈大笑说："呵呵，你什么时候变成谦谦君子啦！近日又写了些什么文章？"刘攽就说："在下正在写一篇兵论，还没完稿，要不今天就带来请您指教了。"王安石说："那你先把文章大意讲给我听听。"刘攽便把王安石那篇兵论的内容大致复述了一遍。王安石果然以为自己的兵论所有观点都与刘攽的一样，于是，送走刘攽之后，他默然良久，颇有不舍地拿起那份费了不少心血写出的兵论，徐徐撕成了碎片。

还有一个故事，说有一日朝会，刘攽站立的位置与几位大帅相邻，而这些将帅中有两位是行伍出身。当时他们正在传玩一只水晶茶盂，其中有位老帅说："不知何物所成，莹洁如此？"刘攽便接口戏谑说："诸公岂不识，此乃多年老兵耳。"显然意在嘲笑两位出身行伍的老帅是两个早已被官场打磨得像水晶般滑溜的老兵油子，一时弄得大家面面相觑，哭笑不得。因此散朝后，有个名叫马默的同僚规劝刘攽可别再"玩侮无度"。刘攽却反唇相讥说："（您老兄）既称马默，何用驴鸣？"并且立刻口占了一首《马默驴鸣赋》，其中有句曰"冀北群空，黔南技止"，把马默讥讽为黔驴技穷。

刘攽虽有点对人不恭，但他却都是当面戏谑，绝不背后贤人。曾经有个人私下跟刘攽议论一名朝官的过错,并且说只要刘攽附和他的检举揭发,他就可以叫御史中丞出面"鸣鼓而攻之"。刘攽则坚决拒绝说:"中司自可鸣鼓儿,老夫难为暗箭子。"那人只好怏怏而去。

刘恕和刘攽同在司马光团队编修《资治通鉴》,两人都成就卓然,但生存状态却很不相同。刘恕终生勤苦,谨言慎行,状类圣贤,结果中年而亡。刘攽随意狂放,不拘小节,活得潇洒,悠然得享天年。

周德清和《中原音韵》

周德清(1277—1365),元代文学家,字日湛,号挺斋,高安县(今江西高安市杨圩镇睱塘周家)人。北宋词人周邦彦的后代。工乐府,善音律。终身不仕。著有音韵学名

周德清纪念馆

著《中原音韵》，为我国元代卓越的音韵学家与戏曲作家。

《中原音韵》是为北曲用韵而作，纠正当时的作曲家用韵不一的问题。其正音依据是中原语音。成书后，戏曲作曲、唱曲都有了规范，促进了戏曲用韵的统一。《中原音韵》以当时北方实际语音为标准，所定之韵接近今北京音。因而此书是研究近代以北方音为主的普通话语音的珍贵资料。

周德清虽是南方人，却很重视和北曲相关联的北方口语的研究。《中原音韵》成书于1324年，全书分为《韵谱》和《正语作词起例》两部分。《韵谱》按照北曲作品的实际用韵情况和大都（即今北京）的实际语音系统建立了新的韵部，设东钟、江阳、支思、齐微、鱼模、皆来、真文、寒山、桓欢、先天、萧豪、歌戈、家麻、车遮、庚青、尤侯、侵寻、监咸、廉纤等十九韵部。他打破过去音分平、上、去、入四声的旧规，首创"平分阴阳，入派三声"的新制；每韵部内均按阴平、阳平、上、去四声排列，把入声字分别附于三声之尾，这在中国音韵学史上是一次重大的革新。

此书问世后，北曲作品的创作和演唱均以其为正音咬字的依据，后来的南曲亦受其影响。明清两代虽有一些学者对它提出过某些异议，但这期间出现的数十部曲韵著作都未能跳出《中原音韵》的窠臼。因而，周德清的音韵四声排列法一直沿用至今，对于现代汉语普通话的形成也有重大的贡献。

周德清的散曲小令创作成就也很高。他的词令清新淡雅，晓畅如话，形象生动，妙趣盎然。谨录数首以观其妙：

喜春来·别情
月儿初上鹅黄柳，燕子先归翡翠楼，
梅魂休暖凤香篝。人去后，鸳被冷堆愁。

塞鸿秋·浔阳即景
长江万里白如练，淮山数点青如淀。
江帆几片疾如箭，山泉千尺飞如电。
晚云都变露，新月初学扇。
塞鸿一字来如线。

折桂令
倚蓬窗无语嗟呀，七件儿全无，做甚么人家？
柴似灵芝，油如甘露，米若丹砂。
酱瓮儿才罄撒，盐瓶儿又告消乏。
茶也无多，醋也无多，七件事尚且艰难，怎生教我折柳攀花！

元代著名戏曲家钟嗣成在《寻鬼簿续篇》中评价周德清的散曲创作曰："德清三词，不惟江南，实天下之独步也。"《全元散曲》录存其小令31首，套数3套。周德清无疑是中国古代非官宦阶层的纯民间读书人中，创造出了影响及于全国的文化成果，并使自己名垂千古的寥寥数人之一。

文廷式和维新变法

文廷式（1856—1904），字道希、芸阁，号纯常子、罗霄山人等，萍乡市城关花庙前（今属安源区八一街）人，清末著名爱国诗人、词家、学者。清光绪十六年（1890）进士，官至翰林院侍读学士。

文廷式像

文廷式志在救世，遇事敢言，与黄绍箕、盛昱等列名"清流"，与汪鸣銮、张謇等被称为"翁（同龢）门六子"，是帝党重要人物。中日甲午战争，他力主抗击，上疏请罢慈禧生日"庆典"、召恭亲王参大政；奏劾李鸿章"昏庸骄蹇、丧心误国"；谏阻和议，以为"辱国病民，莫此为甚"。光绪二十一年（1895）秋，与陈炽等出面赞助康有为，倡立强学会于北京。次年二月，遭李鸿章姻亲御史杨崇伊参劾，被革职驱逐出京。这一时期，文廷式潜心时务，其《琴风余谭》《闻尘偶记》记甲午、乙未间时事、人物，能言人所不能言、不敢言。革职归里后，撰有《罗霄山人醉语》，痛感"中国积弊极深""命在旦夕"，提出"变则存，不变则亡"，鼓吹"君民共主"。戊戌政变时，曾遭追缉，避难湘潭，其后受同文会之邀约，东游日本。二十六年（1900）夏回国，与容闳、严复、章太炎等沪上名流，参加唐才常在张园召开的"国会"。此后数年，文廷式往来萍乡与上海、南京、长沙之间，沉伤憔悴，寄情文酒，以佛学自遣，同时从事著述。这时期所著杂记《纯常子枝语》四十卷，是其平生精力所萃。三十年（1904）八月，文廷式终因壮志难酬，抑郁苦闷，在萍乡城关花庙前的家中与世长辞，年仅49岁。

文廷式自幼遍读群书，学问渊博，经史子集等，无不涉猎探究，令人叹服。他著述宏富，有《云起轩词钞》《云起轩诗钞》《文道希先生遗诗》《纯常子枝语》《补晋书艺文志》《闻尘偶记》等著作50余种，后人辑录为《文廷式集》

文廷式书法作品

四卷本传于世，清末江西文坛一时无出其右者。

文廷式文学创作成就最高的是诗词，而尤以词作广受词坛众家赞誉。他的词大部分是中年以后的作品，感时忧世，沉痛悲哀，在晚清词坛异军突起，独树一帜。如《风流子·江楼夜眺》，于慨叹国势衰颓中，还流露出对慈禧专权的不满，对当道大臣误国的愤慨：

卷书抛短枕。江楼迥，倚槛看疏星。但峭风透幌，丽谯声急；湿烟迷渚，渔火光冥；渺何许，山芜添秀色，湘芷接余馨。檀板自歌，一丸月暗；玉觞豪酌，八表云停。

沉忧无端起，哀鸿怨，举世有耳谁听？天际水何澹澹，山自青青？算沧海生桑，春归汉燕；汴堤无柳，秋老隋萤；只恐铜仙泪尽，露冷金茎。

其他如《木兰花慢·寄王木斋》则抒写男儿请缨，挥剑龙庭的壮怀：

听秦淮落叶，浑不尽、暮秋声；况清歌寂寂，斜阳黯黯，客思沉沉。题襟、那回去后，阻燕、吴迢递六年心。携手河梁又别，依然酒幔空青。

男儿何不请长缨，挥剑刺龙庭？祗麻衣入试，金门献赋，那算功名！藏形、不妨操畚；学兵符须入华山深。四野荒鸡唱晓，万重飞雁回汀。

《翠楼吟》则以三国时的陈登自比，寄托其报国救世之志，激荡着爱国的豪情：

石马沉烟，银凫蔽海，击残哀筑谁和？旗亭沽酒处，看大舸风樯轲峨。元龙高卧。便冷眼丹霄，难忘青琐。真无那！冷灰寒枥，笑谈江左。

一笴，能下聊城，算不如呵手，试拈梅朵。苕鸠栖未稳，更休说山居清课。沉吟今我，只拂剑星寒，欹瓶花妥。清辉堕，望穷烟浦，数星渔火。

晚期词作，则飘零之感与忧时之情交织，出尘避世的情绪日趋明显。如《清平乐·春人婀娜》，更曲折地表明了他不想参加反清革命的态度：

春人婀娜，春恨吟难妥。一缕酴香熏意可，独倚云屏闲坐。林间百种莺啼；玉阶潦乱花飞。生怕袜罗尘浣，黄昏深下犀帷。

以风格论，文廷式的词，抚时感事、言志抒怀之作，以苏轼、辛弃疾为宗，或慷慨激越、抑郁幽愤，或神思飘逸、清远旷朗，大都借景言情、托物咏志，兼有豪放俊迈、婉约深微的特点。

文廷式还收藏了大量珍贵图书。其中校本、抄本极多，曾藏有《永乐大典》十数册、彭兆荪《全上古三代秦汉三国六朝文》手稿、《范石湖诗集》、《素问释义》、《四书考典》等罕见之册。藏书楼有"思简楼""知过轩""云起轩"等，编撰有《知过轩目录》，著录图书2654种。

四、科技人物

宋应星与《天工开物》

明末著名科学家宋应星(1587—?),字长庚,宜春奉新县瓦溪牌楼里人,举人出身,明崇祯七年(1634)任袁州分宜县教谕,并在这里写下旷世巨著《天工开物》。

宋应星一生致力于对农业和手工业生产的科学考察和研究。他的著作和研究涉及自然科学及人文科学的不同领域,其中最杰出的作品《天工开物》被誉为"中国17世纪的工艺百科全书"。2021年5月,国际天文学联合会(IAU)批准中国对嫦娥五号降落地点附近的8个月球地貌的命名申请,"宋应星(Song Yingxing)"为其中之一。

《天工开物》收录了诸如机械、砖瓦、陶瓷、硫黄、烛、纸、兵器、火药、纺织、染色、制盐、制糖、采煤、榨油等几乎所有的中国农业、手工业生产技术。在农业方面,宋应星尤其对水稻浸种、育种、擂秧、耘草、防治病虫害等生产全过程做了详尽的记载。在手工业方面，宋应星特别重视定量的方法。他在叙述生产过程时，准确地把握了原料消耗、成品回收率等方面的数量关系，有着明确的量和生产成本的观念。

宋应星是世界上第一个科学地论述锌和铜锌合金（黄铜）的科学家。他明确指出，锌是一种新金属，并且首次记载了它的冶炼方法。这是我国古代金属冶炼史上的重要成就之一，使中国在很长一段时间里成为世界上唯一能大规模炼锌的国家。宋应星记载的用金属锌代替锌化合物（炉甘石）炼制黄铜的方法，是人类历史上用铜和锌两种金属直接熔融而得黄铜的最早记录。

《中国古代科学家》系列邮票第四组
宋应星

宋应星还注意从一般现象中发现本质，在自然科学理论上也取得了很高的成就。这些成就分别体现在生物学、物理学和化学方面。

生物学方面，他在《天工开物》中记录了农民培育水稻、大麦新品种的事例，研究了土壤、气候、栽培方法对作物品种变化的影响，又注意到不同品种蚕蛾杂交引起变异的情况，说明通过人为的努力，可以改变动植物的品种特性，把我国古代科学家关于生态变异的认识推进了一步，为人工培育新品种提出了理论根据。英国著名生物学家、进化论思想的集大成者达尔文也把《天工开物》中的有关论述作为他论证物种变异、进化的重要例证。

在物理学方面，新发现的佚著《论气》是宋应星论述声学的杰出篇章。宋应星通过对各种声音的具体分析，研究了声音的发生和传播规律，并提出"声是气传播"的理论。

在化学方面，宋应星分析了金、银、铜、锡、铅、锌等多种有色金属的化学性质，比较它们的活泼程度，提出了利用它们之间的差异分离或检验有关金属的方法。质量守恒定律是由法国著名化学家拉瓦锡在研究燃烧过程中确立下来的。然而，宋应星早在对金银分离方法的分析中，在硫化汞的制取中，就窥测到了这种物质运动的深邃奥秘，虽然其认识程度不及后者，但毕竟比后者早了100多年。

宋应星还是一位辩证唯物主义思想家。他把自己的著作冠以"天工开物"之名，就是这一思想的生动体现。"天"即自然界，"工"指人的技巧，"开"是开发利用之意，"物"即物质财富。"天工开物"即自然资源加人工技巧开发出物质财富。在宋应星看来，自然界是人类赖以生存的物质基础，而人为万物之灵，能够用自己的智慧开发利用自然资源，创造生活需要的物质财富。在《天工开物》的序中，宋应星开宗明义地说："天覆地载，物数号万，而事亦因之，曲成而不遗，岂人力也哉。"这种强调自然界是不依赖于人的意志而客观存在，同时又强调人对自然界的能动作用的观点，正是辩证唯物论的基本观点。

宋应星还认为"土脉历时代而异，种性随水土而分"，说明土壤的性质随时间的推移而发生变异，物种及其性状随水土的不同而有所区分。在另一部著作《谈天》中，他把自己的观点表述得更加明白。他说以今日之日为昨日之日，无异于刻舟求剑。这就是说万事万物都处在不断的运动变化中，不变的事物是不存在的。这些观点都表明了他的辩证法思想之深刻。

特别值得称道的是，宋应星在学术上对自己要求极严，有高尚的科学美德。在《天工开物》的初稿中，包含有《观象》和《乐律》二卷，是专门论述天象观测和音乐韵律的，可是在《天工开物》正式刊行时，他将上述两卷抽出作废，原因是"其道太精，自揣非吾事，故临梓删去"。也就是说，他觉得自己对这两个领域的问题并没有研究透彻，并非自己的专长，为免造成谬种流传，干脆不说算了。

宋应星的事迹及其《天工开物》等著作曾经在中国埋没了300多年。他被中国人重新发现和认识的过程，非常值得一提。民国三年（1914），北京政府工商部矿政司地质科科长、中国地质科学研究和教育事业的奠基者、著名地质学家丁文江先生来到云南考察地质和矿产资源情况，他在查阅《云南通志·矿政篇》时，不期然地看到其中所引奉新宋应星著《天工开物》关于铜冶炼方法的记述非常详细，因而很想能读到这部著作的全文。他回到北京后，搜遍了北京的大小书店和作坊，都没有找到这部著作，又问遍京城的藏书家，也没一人知道有这样一本书；只是在清朝出版的《图书集成》中，查到了这部书的部分内容。直到民国十一年（1922），他在天津碰到文字考古学者罗振玉，偶然又谈起这件事。罗振玉便说，这本书他也曾经找过30年而不得，后来却偶然在日本一古钱肆主人的书斋中发现了该书的日本翻刻本，于是便用几枚古钱把这本书换到了手。

《天工开物》插图

丁先生这才知道，原来这部著作在明朝末年已经流传到了日本，在中国反而绝迹了。再过四年，丁先生的同学章鸿钊应丁先生的托付，终于也在日本买到了一本翻刻本。丁先生一看，跟上次所见的版本不同，其封面上注明是另一家日本书坊根据我国清初福州书商杨素卿翻刻的版本再度翻刻的。这才知道这部著作早在我国清初也曾经有过坊刻翻版，而日本人历代翻刻的版本则更多。

随着研究的深入，后来丁先生竟发现，这本书不仅日本有大量翻版，而且还于18世纪传到了欧洲。起初是欧洲各国的科学杂志和学报，将该书的部分章节分别翻译成英文、法文、德文、俄文和意大利文予以发表；到1869年，法兰西学院教授儒莲将该书的工业内容部分全部以法文译出，出版了名为《中华帝国古今工业》的单行本。原来直到18世纪初，欧洲和日本都还有不少工农业生产技艺不如中国先进。例如《天工开物》中记载的提花织布机、锌的冶炼、煤矿巷道支护和毒气（瓦斯）排除，以及蚕种杂交等等，当时都还是世界上最先进的技术。因此，注重科学技术发展的欧洲和日本学者，便大量翻译和翻印该书，向各自国家的国民大力介绍和推广。故而《天工开物》早在其出版之初，就成了全世界共享的一项伟大科技研究成果。

不久后，学者们终于进一步在日本东京的静嘉堂文库和法国巴黎图书馆的珍藏室里，查到了这部书的初刻原版本。一经比较，才知道后来的翻刻本，竟没有一种比原版

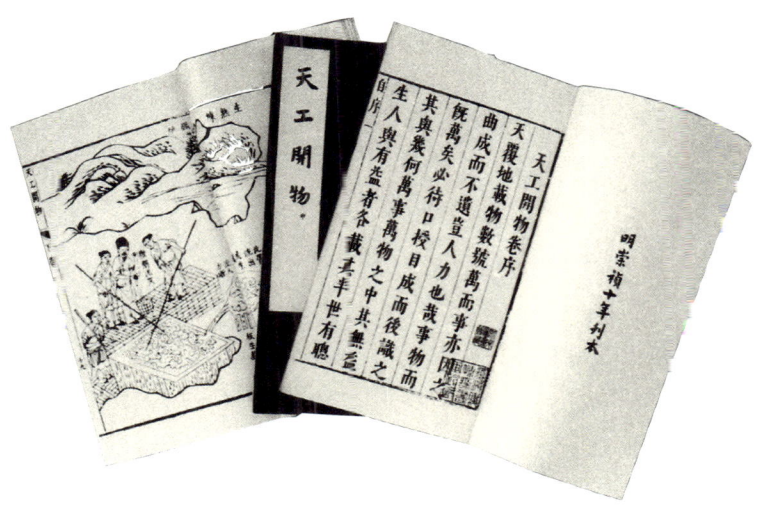

《天工开物》明崇祯十年（1637）刻本

本精美，尤其是插图。鉴于当时认为该书在国内已经绝迹，丁先生即建议国内出版商用铅字排印，重新出版，以为抢救。天津著名出版家陶湘先生首先响应，他于民国十七年（1928）出版了国内第一个铅印版本。

由于丁先生的大力推介，接着又有商务印书馆等多家出版机构相继推出了各种铅印新版本。1952年，浙江宁波私人藏书家李庆城先生也终于在自己的墨海楼珍藏中，找到了中国国内仅存的一本《天工开物》初刻原版本，并随即把它捐给了北京图书馆。中华书局又据此出版了一套影印本。宋应星的《天工开物》终于在湮没300多年后，重新在自己国家的书市上流行开来。

20世纪40年代以后,《天工开物》还成了世界性的研究对象。英国科学史学家李约瑟在他撰写的巨著《中国科学技术史》中,大量引用了《天工开物》的内容,并称宋应星是"中国的狄德罗"。日本京都大学教授薮内清等人于1953年出版了专著《天工开物研究》,又于1969年出版了《天工开物》日文译注本,并称它是"中国古代工艺百科全书"。1966年,美国也出版了《天工开物》的英文译注本,并称它为"17世纪的中国工艺学"。

《天工开物》的重新出版和各国学者对它的高度评价,终于使被长期埋没于历史荒漠中的宋应星在逝世300多年后,在世界科学界名声大振。于是,想要了解和研究宋应星的学者也越来越多,而且,人们还希望看到更多的宋氏著作——许多学者估计,像宋应星这样有着强烈著述欲望的大学者,他的一生应该不会只写出一部《天工开物》就作罢。

宋应星纪念馆

于是，人们又展开了一场更为广泛的搜寻。但就像丁文江先生开始寻找《天工开物》一样，人们长期一无所获，只是在《奉新雅溪宋氏宗谱》的宋应星小传中，看到了他的部分著作的篇名，如《画音归正》《美利笺》《野议》《卮言一种》《思怜诗》《春秋戎狄解》等。直到1946年，国民政府江西省教育厅某先生才终于在新建县私人藏书家蔡敬襄先生的蔚挺图书馆中发现了宋应星的《野议》《思怜诗》《论气》和《谈天》四种著作的原始版本。其中《论气》和《谈天》是宋应星的自然哲学著作《卮言十种》中的两种，该书的其他部分已散佚。此外，就再也没有找到宋氏的更多著作了。1952年，蔡敬襄先生将这一套宋氏著作孤本捐给了江西省图书馆。

通过对这些新发现的宋氏著作的研究，人们才知道，宋应星还是一位伟大的自然哲学家，他对自然科学中许多现象和原理的阐述，都走在当时世界的前列。首先，他在人类历史上第一个指出自然空间不是真空，而是充满了气，并且气也和金、木、水、火、土"五行"一样，是构成天地万物的基本元素之一。其次，他还把物质世界划分为气、水火、形三个层次，指出气是无形的物质，金、木、土为有形的物质，水和火为介于有形和无形之间的物质，并且指出它们之间可以互相转化。再次，他还试图对有机物燃烧现象做出理论解释，提出物体燃烧是因为燃烧物体内含有"火质"，燃烧就是火质释放的过程。他这个解释比欧洲人的同类解释早提出60年。

1987年，奉新县建成了第一个宋应星纪念馆。2003年，鉴于原馆面积小，布展不足，又选址在冯田工业园区兴建宋应星公园和新的宋应星纪念馆。整个公园占地面积1000余亩，其中纪念馆占地60亩。纪念馆有1个主馆和2个分馆，主馆介绍宋应星生平和他的重要成果,分馆介绍《天工开物》的内容。公园内有竹博园、奇花异果园、樱花园、桂花园等植物园林及休闲娱乐区。全部工程于2008年2月竣工,当即举行了开馆仪式,从此对公众免费开放。

新的宋应星纪念馆注重历史名人事迹展示、科普教育及休闲娱乐相结合,通过图片、图表、实物、艺术品等准确反映宋应星的生平和《天工开物》的内容。该馆已被列为全省十大名人纪念馆、全省青少年爱国主义教育基地和省级科普教育基地。

吴有训和中国物理学研究

吴有训(1897—1977),字正之,江西高安人,物理学家、教育家,中国近代物理学研究的开拓者和奠基人之一,被称为中国物理学研究的"开山祖师"。他于1920年6月毕业于南京高等师范学校数理化部;次年赴美国芝加哥大学留学,师从著名物理学家康普顿教授,参与X射线散射研究,从而证明了后来获得诺贝尔物理学奖的康普顿效应的成立;1925年获博士学位后留任芝加哥大学物理研究室助教;1927年任第四中山大学副教授;1928年任清华大学(抗战期间为西南联合大学)教授,后任物理系主任、理学院院长等职;1945年10月任中央大学校长;1949年起任交通大学校长;1950年任中国科学院近代物理研究所所长,12月任中国科学院副院长;1955年被聘为中国科学院数学物理学化学部学部委员（院士）。

吴有训的主要贡献，一是20世纪20年代在留学美国期间，他以精湛的实验和精辟的理论分析为康普顿效应的确立和公认拿出了准确无误的实验证据。这使他成为第一个为获得诺贝尔奖的研究项目做出过重大贡献的中国物理学家和第一个世界知名的中国物理学家。

二是回国后，他在清华大学创建了中国第一个近代物理学实验室，独立开展X射线散射光谱等方面的实验和理论研究，创造性地发展了多原子气体散射X射线的普遍理论，其研究论文发表在国际主流学术刊物《自然》上。同时，

吴有训纪念邮票

他还被德国哈莱（Halle）自然科学研究院推举为外籍院士，成为第一位被西方国家授予院士称号的中国人。

三是他参与策划创建了中国物理学会，并连任会长（常务理事长），领导中国物理学界以独立平等的身份走向世界，同时把世界顶尖物理学家请进中国讲学，打开了中外科技交流的大门。

四是他为创建中国第一所自然科学方面的研究型大学做出了开创性贡献，并和他的同事们一道培养了钱三强、钱伟长、彭桓武、王淦昌、郭永怀、邓稼先、赵九章、陈芳允等中国"两弹一星"研制的功臣元勋和杨振宁、李政道等在国外获得崇高学术地位的大师级科学家。

五是他担任中国科学院副院长期间，主管数理化、工程和天文方面的领导工作，为主管领域各研究所的创建人员的调配、设备的购置、经费的落实等运筹擘画，辛勤操劳，使中国的胰岛素、青蒿素、激光器制备等多项科技一度达到与发达国家同步甚至领先水平。他率领代表团考察并探讨了中国科学院与东北地区科研机构建立工作联系的可能性，推动创立了中国科学院第一个地方分院，并推广到全国各大区。

六是他利用自己在科学界的崇高威望，为新中国先后召回了一大批海外华人科学家，并推荐安排他们分别担任各相关研究所的领导职务，有的还填补了国内某些科研领域的空白。

吴有训科教馆序厅

吴有训逝世后，中国科学界多次举行了重大的纪念活动，并出版了吴有训科学论文集和多种纪念文集。1988年，中国邮政发行了吴有训纪念邮票。1992年，吴有训科教馆在高安市瑞州公园内开始筹建，于1999年竣工开馆，为四合院绿色琉璃瓦仿古建筑，古朴典雅，雄伟壮观，四周松柏环绕，翠竹簇拥，湖水相映，环境幽雅。馆内由大厅、正厅和东西两厅组成。大厅为上下两层，正厅为吴有训生平事迹展厅，并在厅内另辟三间木质房，作为吴有训生前故居供人参观，东厅为名人题词展厅，西厅为高安百名名人展厅，各厅之间有环形长廊相通。陈展内容包括吴有训生平图片和文物，中国第一颗原子弹、氢弹、导弹、卫星和第一枚火箭、第一座核电站等的仿真模型，还有高安民俗文物等等。该馆是一处集自然科学、科教文化、爱国主义教育及旅游观光于一体的现代科教园地，已被列为宜春市爱国主义教育基地、江西省爱国主义教育基地、江西省青少年科技教育基地。

五、袁州牧守

袁州刺史韩愈

对袁州历史文化影响最为深远的人物,无疑当数韩愈。韩愈(768—824),字退之,河南河阳(今河南孟县)人。自称"郡望昌黎",世称韩昌黎。晚年曾任吏部侍郎,又称韩吏部。谥号"文",后人亦称他为韩文公。他与柳宗元倡导唐代古文运动,进行了卓越的创作实践,有力地推动了散文的革新和发展。韩愈诗文,唐代以来久有定论。杜牧把韩文与杜诗并称为"杜诗韩笔";苏轼称韩愈"文起八代之衰";

韩愈像

茅坤选《唐宋八大家文钞》，以韩愈居首；《古文观止》选韩愈文24篇，数量为历代作家之冠。可以说，韩愈是继司马迁之后又一位优秀的散文家。

韩愈在踏足袁州之前的元和初年，就关注到了袁州。当时他的同年王涯被朝廷任命为袁州刺史，他写了两首诗给王涯送行，其中之一云：

秋字
淮南悲木落，而我亦伤秋。
况与故人别，那堪羁宦愁。
荣华今异路，风雨昔同忧。
莫以宜春远，江山多胜游。

嗣后，"莫以宜春远，江山多胜游"便成了宜春永久的形象公关语。韩愈没有想到的是，元和十五年（820）正月，他自己也来到袁州当了刺史。原来元和十四年（819）正月，韩愈因上《论佛骨表》得罪宪宗而被贬为潮州刺史。同年十月，宪宗认为他表现良好，便将他"量移"为袁州刺史。

元和十五年（820）春，韩愈抵达袁州。他了解到当地有押卖儿女为奴的陋习，于是设法把籍没为奴婢的穷人家子女731人全部放归；并在《应所在典贴良人男女等状》奏表中，建议朝廷将天下诸州没为奴婢的男女"一皆放免"。

韩愈在袁州办的另一件大事是兴教育、育人才。《唐

昌黎阁

摭言》卷四载:"愈自潮州量移宜春郡,郡人黄颇师愈为文,亦振大名。"其实当年师从韩愈的并不只是黄颇一人。据江西首位科举状元卢肇回忆,当年他和易重等六七名宜春秀才,都曾常聚在韩愈门下求学。因此,当年袁州能举进士过江西之半,自然离不开韩愈等名宦的教化之功。

韩愈任袁州刺史期间个人创作也颇丰富,计有散文20篇,如《祭滂文》《祭柳子厚文》《柳子厚墓志铭》《南海神庙碑》《新修滕王阁记》《与孟尚书书》《祭湘君夫人文》等。其中《柳子厚墓志铭》选入《古文观止》,《祭柳子厚文》《新修滕王阁记》都是不朽的经典之作。

为纪念韩愈的历史功绩,后代袁州官民在城中心的宜春台兴办了昌黎书院,在袁山之巅兴建了昌黎阁,在城内修建了昌黎路和昌黎桥。其中昌黎书院和昌黎阁至今仍为宜春城内的旅游胜景。

苏轼、苏辙在高安

苏轼、苏辙兄弟旅居高安,是宜春文旅宣传中必不可少的素材之一。其中苏辙在高安前后两次共计留居了8年之久。而苏轼为看望弟弟,也来高安旅居了10天。

宋元丰二年(1079),苏轼因与王安石变法主张不合,遭人弹劾,被解赴台狱受勘。苏辙因"上书乞纳在身官赎兄罪",而被贬谪筠州(治所在高安)监盐酒税。这是苏辙第一次贬谪高安,从元丰三年(1080)六月至元丰八年(1085)八月,共5年。苏辙第二次贬居高安,是宋绍圣元年(1094)九月。这年,苏辙因反对李清臣为进士考试所撰策题而激怒哲宗,再贬至筠州居住。

苏辙在高安"轨范士民如父兄，变移风俗如师友"，因而深得人民的爱戴。公务之余，他纵情山水，游踪到处，留下了为数可观的传说、题词、诗文、书画，为高安增添了浓厚的文化底蕴。

宋元丰七年（1084），苏轼从黄州移汝州，特绕路到高安来看望苏辙。四月二十九日到达高安，五月九日离开。其间，兄弟二人曾一同轻舟拜访"以敦朴持家，以诗书课子，睦族协邻"的高安老人刘平伯。苏轼走后，苏辙与刘平伯来往不断，为了停舟登岸方便，在渡口建一亭台，并亲笔大书"唤渡江亭"匾一方，悬挂其上。从此，这个渡口被人们称作"来苏渡"。

大愚寺

与苏轼、苏辙兄弟有关的景点还有:

碧落山。又名凤山。"凤山飞羽"被誉为"筠阳八景"之一。唐朝时,碧落山建有绿筠堂。苏轼到高安后,曾作《绿筠堂》诗一首。对碧落山上的自然景观,苏辙也流连忘返,作文一篇《东轩记》,作诗六首《凤凰山》《翠樾亭》《披仙亭》《碧落洞》《李八百井》《磨剑池》。东轩为苏辙所建,是他宴饮休息的地方。因苏轼、苏辙兄弟的题咏,碧落山更为众多文人喜爱。

大愚寺。宋元丰七年(1084),苏轼和苏辙到大愚寺游玩,并各题诗一首。苏轼诗名《真如寺》,苏辙诗名《雨后游大愚寺》。大愚寺因此而声名远扬。

此外,苏轼、苏辙还到过云居寺、建山寺、圣寿院、圣祖殿等寺庙游览,并留有诗文。苏辙对锦江浮桥、龙舟赛也有诗题咏。他咏浮桥曰:"虹腰宛转三百尺,鲸背参差十五舟";咏龙舟赛曰:"父老不知招屈恨,少年争作弄潮游。长鲸破浪聊堪此,小旆迎风殊未收。"

杨万里、文天祥知筠州

宋淳熙十五年(1188)四月,南宋大诗人杨万里遭贬谪来到筠州就任知州军事。

杨万里特别重视文化教育,可是当年和州府同城办公的高安县,却长期没有一所县学,县学生一直借用州学的学舍就读。杨万里到任后,即要求高安县另行择地盖一所县学，扩招生员，以广教化。

高安知县陈师宋遵照命令，很快盖起了一所县学。因为县里资金有限，学校盖得不很气派，周围环境也不够美观，因而引起了一些人的议论。这使陈师宋感到有点压力。学校揭牌立碑时，他想请杨万里作一篇记，但又怕遭到训斥而不敢出面，只得叫几个学校负责人去请。没想到杨万里听完汇报后，却非常高兴地表扬陈知县懂得珍惜民财，不事铺张，办有用之事而不务虚名，并当即挥笔立就《高安县县学记》。

陈师宋看到杨万里不仅没有像某些人士一样批评他学校建得不够气派，反而替他辩解，驳斥了那些贬损他的言论，表扬他实事求是、办事节俭、不图虚名，于是高兴得眉开眼笑，立即令县学勒石刻碑，竖立于县学之前，让生员们熟诵而记取之。

杨万里在筠州为守前后总共不过一年零四个月。但他不仅使得州内刑清讼简，社会安泰，百姓乐业，文明教化更加普及，而且撰述了部分《易外传》，还留下了诗作《江西道院集》一册计250首，成为宝贵的文化积累。

其实，杨万里早年还曾在奉新当过知县。据《宋史·杨万里传》载，他到任后，阻止催讨赋税的官吏下乡扰民。过去县狱里关满了因逃避赋税而被抓的老百姓，杨万里命令将他们悉数解放，并允许他们延期缴税粮，只要他们做出在承诺时间内缴清的保证就行。然后就把这些人的名字

碧落堂

和保证张贴在集市中。结果老百姓就都在丰收之年高兴地缴清了税粮，县内因而大治。

南宋景定四年（1263）十一月，文天祥被贬为瑞州知州。瑞州即原来的筠州，这时因避皇帝之讳，而改名为瑞州。此前，瑞州曾遭蒙古军队蹂躏，城垣屋宇被毁，人民被残忍虐杀，文物古迹被洗劫。文天祥履任后，实行宽惠政策，尽力安抚百姓，筹集资金建立"便民库"，供借贷和救济之用，使地方秩序重新恢复过来。他还修复了一些古迹，如碧落堂、三贤堂等，新建野人庐、松风亭等，以发扬先贤的民族正气，鼓舞人民的爱国精神。瑞州在文天祥的治理下，短短一年间，百废俱兴。

文天祥修复三贤堂，就是为纪念祭祀杨万里、苏辙和余襄三位曾在高安任职的杰出先贤。祠堂竣工后，文天祥还亲笔撰写了《瑞州三贤堂记》，赞颂杨万里等三位先贤的功德。文天祥非常敬仰杨万里，原就闻知杨万里知筠州时在碧落堂居住过，里面留有他许多墨迹，而经过蒙古军队摧残，仅剩残垣颓壁。因此文天祥决心把碧落堂修复起来，并把杨万里的诗刻在堂石上。景定五年（1264）重阳节为碧落堂的重修竣工，举行了一次集会。文天祥特请白鹭洲书院第一任山长欧阳守道写了一篇《碧落堂记》以志盛事；并亲笔采用杨万里曾用过的诗题《登碧落堂》，新赋了一首七律：

题碧落堂
大厦新成燕雀欢，与君聊此共清闲。
地居一郡楼台上，人在半空烟雨间。
修复尽还今宇宙，感伤犹记旧江山。
近来又报秋风紧，颇觉忧时鬓欲斑。

《高安县志》说：县城"最高处有碧落堂，下俯万山，一水（锦江）穿城，南北岸万家鳞鳞楼台，皆可指数。诚斋先生杨文节公（杨万里）在郡日，诗为此堂赋者八章，其状烟云吞吐，晴阳变化，真若游汗漫而凌倒景！"

碧落山和碧落堂最集中地凝聚了杨万里和文天祥治理筠（瑞）州的崇高功德和他们在高安的文学、哲学成果；现在仍然是人们来到高安必游的重要景点和缅怀先贤高风、领略文人风骨的大课堂。

旅袁贵宾范成大、朱熹

南宋著名诗人范成大（1126—1193）曾写过一部游记，名叫《骖鸾录》。这本书记录了他于乾道七年（1171）出知广西静江府（桂林）途中的所见所闻，书名取自韩愈《送桂州严大夫同用南字》的诗句："远胜登仙去，飞鸾不假骖。"

范成大在出知静江府的途中，曾买到袁州参观仰山栖隐寺，并在他的《骖鸾录》中记录了这次行程，其中有一段说："出庙（今袁州区南庙镇）三十里，至仰山，缘山腹乔松之磴甚危，岭阪上皆禾田，层层而上至顶，名曰梯田。"这是中国历史文献中第一回出现"梯田"一词，同时也使宜春仰山的梯田成了全国最早被文献记录的农耕文明新事物。范成大这也许是不经意的一笔描绘，对于提高宜春的知名度和扩大宜春事物的社会影响来说，可是太给力了。

栖隐寺

朱熹与张栻像

南宋著名理学家朱熹（1130—1200），一生三过袁州。第一次是宋孝宗乾道三年（1167）八月，由福建崇安县（今武夷山市）前往湖南潭州（今长沙市）访岳麓书院山长张栻（张栻时与朱熹、吕祖谦并称"东南三贤"）。十一月二十三日，朱熹与张栻相别,开始东归崇安,从西往东横穿江西,全程历时28天得诗200余篇,汇集成《东归乱稿》。在这200多首诗中,有20首是在今宜春市境内创作的,包括《到袁州》(二首)、《十二月旦袁州道中作》、《同林择之范伯崇归自湖南袁州道中多奇峰秀木怪石清泉请人赋一篇》《清江道中见梅》、《临江买舟》、《芗林》、〈过樟木镇晚晴》(二首)、《赤冈头望远山作》、《次韵择之发临江》、《次韵择之漫成》、《竹节滩》、《舟中晚赋》、《次韵择之将近丰城有作》、《过丰城作》等。又其中《同林择之范伯崇归自湖南袁州道中多奇峰秀木怪石清泉请人赋一篇》曰:

我行宜春野,四顾多奇山。
攒峦不可数,峭绝谁能攀?
上有青葱木,下有清泠湾。
更怜湾头石,一一神所剜。
众目共遗弃,千秋保坚顽。
我独抱孤赏,喟然起长叹!

显然,宜春的青山秀水,激发了朱熹的灵感,使其诗情勃发,写下这众多脍炙人口的诗篇,给宜春留下一笔宝贵的文化遗产。

10余年后,淳熙五年(1178)正月,张栻三弟张枃知袁州,建隐斋,请朱熹题诗,朱熹作《寄题宜春使君定叟张兄隐斋》答之。同年十月,张构建袁州州学三先生祠,祀周濂溪、二程兄弟。朱熹撰《袁州州学三先生祠记》。又20多年后,绍熙四年(1193)十一月,朱熹知潭州、荆湖南路安抚使。绍熙五年(1194)三月,朱熹从崇安出发,又一度路经宜春,前往仰山游览,并应宜春学人之请,在仰山太平兴国寺中的四藤阁讲学。

  朱熹无疑是袁州贵宾中书写袁州最多的一位,对于提高宜春的文化品位居功甚伟,宜春人民至今对其感激不已。

第五章 戏曲歌舞

XIQU
GEWU

截至 2021 年，宜春市有 9 个国家级非物质文化遗产代表性项目；如果加上萍乡和新余，整个泛袁州文化区共有国家级"非遗"项目 16 个，与九江并列江西第一。国家级非物质文化遗产虽然都是地区性的民间技艺或习俗，体现着一个地区的民俗和文化特色，但它也蕴含着中华文明的普遍性元素。因此，它既是地方的．也是国家的历史文化瑰宝。

　　随着世界科学技术日新月异的发展和人类社会生活的飞速变化，很多传统的工艺技术和文艺形式正在被淘汰。因而在一定意义上说，保护"非遗"，就是保护国家和民族的记忆，保护历史和文化的根基。当然，也有一些"非遗"艺术或工艺具有长久不衰的生命力，有的通过创新焕发出了新的光彩，成为旅游观光者喜闻乐见的传统节目。

一、高安采茶戏

高安采茶戏是江西省四大采茶戏之一，2011年5月，国务院公布其为国家级非物质文化遗产。高安采茶戏原名高安丝弦戏，起源于明清时代，是在早期高安民间灯歌灯彩和傩舞等民间艺术基础上，吸收了明清时期的瑞河戏、锣鼓戏等剧种的有益成分演绎而成的一种传统表演艺术。高安采茶戏具有语言通俗生动、行腔淳婉清越、气韵刚柔交错、表演质朴优雅的艺术特色。

高安采茶戏常用曲调有小花调、服药调、北词调、争夫调、逃调、毛朋记调、上船调等。小花调音调高亢激昂，适应性强，表现力比较丰富。服药调是戏中神仙或鬼魂的常用调，尤以女声演唱更为悦耳动听。北词调为剧中人悲痛、哭诉时用，故俗称悲调、哭调。争夫调为老旦、青衣的唱腔。逃调与毛朋记调旋律柔和。上船调与本调配合使用。

高安采茶戏《小保管上任》

　　乐队由打击乐队和管弦乐队组成。打击乐俗称锣鼓点子,为高安采茶戏音乐特色之一。常用的锣鼓点子有全部京剧锣鼓、部分高安"十番锣鼓"中的锣鼓经、锣鼓戏和民间吹打乐里吸收的部分锣鼓经。主要乐器有大鼓、堂鼓、钹、板、横板、大锣、小钗、铛锣等,使用时,相互结合,融为一体,构成高安采茶戏的打击乐。

高安采茶戏《四九看妹》

高安采茶戏《孙成打酒》

管弦乐初期只有两把胡琴伴奏，即一把反弦（高胡）、一把顺弦（低胡）。后增加二胡、中胡、扬琴、三弦、竹笛、唢呐和笙，其后又增加小提琴、中提琴、大提琴、贝斯、小号、长号、单簧管、长笛、琵琶、电子琴、电吉他、电贝斯等西洋乐器。

高安采茶戏早期行当只有小旦、小丑、小生，后来增加须生、老生、婆旦（老旦）和霸道（花脸）等角色，表演艺术以"三小"为代表。

高安采茶戏的传统剧目有100多个，其小剧目有《锄棉花草》《四九看妹》《韩湘子服药》《卖花线》等，大剧目有《孙成打酒》《安安送米》《荷包记》《粉妆楼》等。中华人民共和国成立后整理了一批内容较好的戏，如《采桑》《剑袍记》《补背褡》《打猪草》等；创作的现代戏剧目有《巧解决》《秋收时节》《喜相逢》《五岔口》《护堤》《追火车》《打破常规》等。

二、万载开口傩、萍乡傩和湘东傩面具

万载开口傩又称"跳魈",流传于江西省万载县乡间和邻县部分地区,大约诞生于元末明初;到1940年,万载全县已有傩队17支,傩神庙9座。开口傩有《关王下笺》《开山》《关鲍大战》等7个表演剧目,有生、旦、净、丑的角色分工,演出动作古朴粗犷,唱、念、做、打齐全。2008年6月,万载开口傩经国务院公布列入第一批国家级非物质文化遗产扩展项目名录。

万载开口傩艺人表演的唱腔大部分是"清唱",伴奏器乐以间奏的形式出现,因此,演唱者要有良好的嗓音条件来表现旋律声调的变化。节目皆以叙述性曲调为主,运用了当地方言音调唱腔。由于当地方言声调富于变化,唱腔听似无曲调,却有旋律起伏,让人产生说唱的感觉。

万载开口傩集舞蹈、锣鼓、说唱为一体,它的伴奏乐

器主要有锣鼓、班鼓（1只）、海角（1只）、牛角（1只）、唢呐（1支）、长号（1支）、小锣（1副）、小钹（1副），其中锣鼓乐的作用十分重要，使傩舞本身的淳朴、豪放、夸张等特点表现得淋漓尽致。锣鼓组成的打击乐为伴奏主体，以前奏、间奏、尾奏的形式出现在傩舞表演中，以其轻、重、缓、急等灵活多变的音响效果来配合演员完成艺术表现，起到烘托气氛、控制节奏、配合表演动作的转换等作用。

万载开口傩的道具很丰富，有钺斧、大刀、土地棍、万民伞、傩轿、锣叉旗、座凳旗等。其服装造型简单、古朴，在传统戏剧图文样式的基础上，加入了具有地方特色的色彩搭配。傩面具是傩文化的重要象征，也是傩舞不可缺少的组成部分。万载开口傩每个角色有一面具，均系樟木雕刻而成，形态各异，造型生动逼真，可以分为红色、黑色、白色、绿色四大色系。如上关、下关、判官、开山等为红色系，表现出庄严威武之势；小鬼、雷公、四大天将为黑色系，表现出凶神恶煞之势；花关索、鲍三娘、城隍、先锋为白色系，表现出慈眉善目的面相；绿品为绿色系，表现出滑稽夸张的特点。通过傩面具的使用，可以形象地区别出各角色的艺术形态特征，刻画人物个性，丰富故事情节。

萍乡历史上也是傩文化发达之域，素有"五里一将军，十里一傩神"之称。傩文化三宝（傩庙、傩面具、傩舞）遗存极为丰富：48座宋元明清遗存下来的古傩庙，经过整修，展示着昔日的风采；1000多枚形态各异的古傩面具，

万载开口傩表演

展示着萍乡傩从商周到明清的发展脉络：被誉为戏剧舞蹈"活化石"的120折萍乡傩舞，淋漓尽致地展示着"剪恶除凶""护土安邦""蜂吉纳福"等古傩意蕴。萍乡傩与万载傩大同小异，唯一的区别就是萍乡傩不开口说唱。

萍乡湘东傩面具雕刻源于清代，其继承的是宋代傩面雕刻技艺。湘东傩面具以樟木刻制品为多，面具造型沿袭古法，程式独特，造型注重人物性格的刻画。其表现手法主要以五官的变化和装饰来塑

萍乡湘东傩面具

萍乡湘东傩面具代表性传承人赖明德（左）带徒弟雕刻傩面具

造人物的剽悍、凶猛、狰狞、威武、严厉、稳重、深沉、冷静、英气、狂傲、奸诈、滑稽、忠诚、正直、刚烈、反常、和蔼、温柔、妍丽、慈祥等形象与性格。

三、万载得胜鼓和萍乡春锣

万载得胜鼓是一种富有地方特色和浓郁乡土气息的传统吹打乐。整个乐曲主要来源于民间灯彩和民间锣鼓,即从花灯、龙灯、狮灯、战鼓、十样锦、三百鼓等锣鼓经中提炼出来。乐器的编配分打击乐和吹奏乐两组。打击乐有晋鼓、排鼓、战鼓、堂鼓、班鼓、木鱼、铜铃,还有音高不同的大小锣、钹、铛、云锣、飘锣、铓锣等。吹奏乐有大小唢呐、笙、竹笛、铜号筒等。2008 年 6 月,万载得胜鼓经国务院公布列入第一批国家级非物质文化遗产扩展项目名录。

万载得胜鼓表现了古代将士出征、凯旋、荣归、庆功场面,演奏风格粗犷有力,音乐红火,富有气魄,使人为之振奋。乐曲一开始,先擂晋鼓三通。随后号筒、先锋号角声和庄重的大鼓、海螺、礼炮声交替出现;继而鼓号齐

万载得胜鼓表演

萍乡春锣表演

鸣，乐声大振，高亢洪亮的大小唢呐和各种乐器齐奏《出兵牌子》的散板，嘹亮有力，气势宏伟，犹如千军万马簇拥主帅胜利归来。随后打击乐演奏"急急风""闹台"，把乐曲推向高潮。中间部分，乐队分"粗吹锣鼓"和"细吹锣鼓"两组，并作种种变化，使音色和力度富有层次和对比。在演奏上，充分发挥唢呐不断连奏，与笙、笛及色彩乐器的断奏法相对比，使乐曲庄严、肃穆，听起来细腻；打击乐则以闷击和放音相对比，节奏铿锵，丰富了打击乐的表现力。在音乐处理上，小唢呐、笙、笛联奏出欢快、优美的传统曲牌《得胜令》《急三腔》等，色彩明亮而有新鲜感。在乐曲速度的处理上，注重了快与慢的对比，使乐曲波浪迭起，具有新的推动力。随后，排鼓由慢渐快奏出精彩的华彩乐段，丰富了整个乐曲的演奏技巧。尾声部阵阵号角，爆声齐鸣，乐器齐奏曲牌《得胜令》，全曲在异常热烈的气氛中结束。

萍乡春锣代表性传承人雍开全

萍乡春锣是运用萍乡方言说唱的一种民间曲艺，主要流传于萍乡、宜春。其表演形式比较简单，由一人演唱，在腰部用红绸系一面直径约 15 厘米的小鼓和一面比小鼓略大的铜锣作为乐器，采用站唱或走唱的形式。曲词生动流畅、通俗易懂，演唱常用夸张手法。传统曲目有《贴图》《送春》等。一般在春节前后由艺人挨家挨户上门演唱，唱毕再送上一张木刻春牛及新年二十四节气画图。

四、丰城花镲锣鼓

花镲锣鼓,丰城民间俗称"吹打",顾名思义,是以"吹"和"打"为主的器乐演奏形式。乐队一般由七人十件乐器组成,其中唢呐两支,乐手两人;大钹一面,乐手

民间艺人表演丰城花镲锣鼓

丰城花镲锣鼓展示展演

一人；小钗一面，乐手一人；大锣一面，乐手一人；小锣、云锣各一面，乐手一人；板鼓、云板、堂鼓各一，乐手一人。

丰城花镲锣鼓，萌芽于南宋时期丰城荣塘镇龙光书院，成形于明末清初，流行于民国初期，普及于20世纪80年代，有800多年的历史。丰城花镲锣鼓的曲牌,按来源可分为民歌性曲牌、戏曲性曲牌、传统性曲牌、移植性曲牌四大类;按鼓槌使用特点可分单鼓槌和双鼓槌;按体裁形式可分长牌和短牌。曲牌旋律优美,融汇民歌、戏曲、说唱音乐及传统曲牌音乐,并且变化丰富多彩,活灵活现,时而慷慨激昂,时而缠绵悱恻。传统曲牌多达100余个,同时还具有乐器组合规范化、曲牌体系化、演奏程式化、节奏形态多样化等突出的艺术特点,具有很高的音乐、文化和历史价值。

丰城花镲锣鼓与民众日常生活息息相关,无论是民众迎神拜社的各种仪式,民间婚丧嫁娶的各种礼俗,还是现代社会生活庆典、表演或娱乐活动等,都是人们表达思想感情的不可或缺的艺术形式,具有丰富的民俗文化内涵。它不仅普及于丰城每一个乡镇村落,也广泛流传到丰城周边各县市,乃至赣中广大地区。它既是我国古代鼓吹乐的丰厚遗产,又具有鲜明的地域特色,是当地一种古老、厚重、经典的传统文化表现形式,具有较强的社会影响力和重要的文化价值,深为广大民众喜爱和认同。2014年11月,丰城花镲锣鼓经国务院公布列入国家级非物质文化遗产代表性项目名录扩展项目名录。

五、丰城岳家狮

丰城岳家狮是丰城民众为纪念民族英雄岳飞而创造的一种民间舞蹈艺术形式，源于宋代，成于明代，已有400多年历史。2008年6月，丰城岳家狮经国务院公布列入国家级非物质文化遗产扩展项目名录。

丰城岳家狮舞表演由岳家狮、火流星开始。接着依次表演岳家枪、岳家锤、岳家拳，后依次表演后刃、棍棒、板凳。狮子由流星引出，在"雪花盖顶""流星赶月""狮过背""连环手"等流星动作的陪衬下，翩翩起舞，表演"弓颈""伸懒""梳须""舔尘"等动作。然后上席（又叫上山或上桌）表演"饮水""钓鱼"。下席后，再表演"咆哮""滚翻""发燥""狂舞""怒发冲冠"。接着卧地稍息片刻后，再次"梳洗""舔尘"，跃上第二席。如此往返，层层往上加，一直向上攀，越攀越高。雄狮登上最

丰城岳家狮民间表演

后一层后,破狮人(亦称带狮人)上场"起桩",用岳家拳中的"铁板大手"将人推开,展开人与雄狮搏斗的情景。破狮人引狮下山后,抓住狮头,人狮共舞。雄狮挣脱,冲上高山。破狮人翻过高山,再次与狮相斗,最后人狮共舞,和睦相处。

丰城岳家狮的表演乐器主要是锣、鼓、钹,当地民间艺人称之为"三件打击乐"。演奏时以紧、慢、轻、重的变化烘托舞蹈情绪、展开情节，使乐声与舞态交汇融合。丰城岳家狮的伴奏音乐，主要侧重于舞蹈的"三阴""三阳"动态与音乐渲染。所谓"三阴""三阳"是指狮舞的动与静的关系。阴为静，阳为燥，静为节奏缓慢轻微，燥为音乐节奏紧凑、高亢，目的是使视觉形象鲜活起来，观众情绪激发出来，演出的氛围弥漫开来。

丰城岳家狮舞狮者穿武术背褡，旧时背褡后多书写"勇"和"兵"字，方巾裹头，便裤，足蹬布

丰城岳家狮展演

鞋，扎腰带。最重要的道具是竹篾扎成的狮子，此外还有长枪、铜锤、大刀、剑、棒、铁耙、矛、三节鞭、水流星、火流星、铁铜等兵器，以及多张四方桌和长木凳。

丰城岳家狮将武术、舞蹈糅为一体，把意、念、形、态熔于一炉，蕴藏着深厚的文化内涵和高雅的艺术趣味，展示了中华民族坚韧不拔的精神意志，具有较高的艺术和历史文化研究价值、娱乐欣赏价值。

后记

2022年初，我受中共江西省委宣传部委托，为《江西文化符号丛书》第二辑创作《袁州文化》一书。我虽已停笔多年，休养生息，不求闻达，惟祈苟安，但鉴于中文传媒集团总编辑游道勤先生的约稿实在难却，故而没有犹豫，爽快地应承了下来。

虽有新冠疫情阻碍，既无法外出采访，也不能进图书馆、档案馆查阅资料，连想去有关地方拍一些照片都难以成行，但好在我既是个袁州"土著"，又生来就基本没有离开过故土，好歹算得上是一个地方老学究。对于袁州文化，我虽不敢说如数家珍，但应该说心里多少还是有点数的。

本书汲取了许多专家学者的研究成果，参阅了相关地方史志资料，所引资料无法逐一注明出处，谨在此致以深深的谢意。感谢审稿专家们提出的宝贵意见，感谢对本书出版付出辛勤劳动和给予大力支持的编辑及朋友们。感谢江西省文化和旅游宣传推广中心（江西画报社）宋靖先生、江西省博物馆首席专家徐长青先生提供的精美图片，还有个别图片因未能联系到作者，在此一并表示感谢。

由于本人才疏学浅，识见有限，以致书中可能会存在某些讹误，敬请广大读者，尤其是各路方家批评指正。

聂 冷

2022年8月

图书在版编目（CIP）数据

袁州文化 / 聂冷著 . -- 南昌：江西人民出版社：
江西美术出版社，2023.3
（江西文化符号丛书）
ISBN 978-7-210-14593-6

Ⅰ.①袁… Ⅱ.①聂… Ⅲ.①地方文化－宜春 Ⅳ.
① G127.564

中国国家版本馆 CIP 数据核字（2023）第 023392 号

出 品 人　张德意
项目统筹　梁　菁
责任编辑　徐　旻
数字编辑　刘　莉
责任印制　潘　璐
书籍设计　梅家强　胡文欣　先锋設計
新媒体制作　江西中文传媒数字出版有限公司

江西文化符号丛书
袁｜州｜文｜化 JIANGXI WENHUA FUHAO CONGSHU
YUANZHOU WENHUA

著　者：聂　冷
出　版：江西人民出版社　江西美术出版社
地　址：南昌市三经路 47 号附 1 号
邮　编：330006
电　话：0791-86898825
网　址：www.jxpph.com
经　销：全国新华书店
印　刷：浙江海虹彩色印务有限公司
版　次：2023 年 3 月第 1 版
印　次：2023 年 3 月第 1 次印刷
开　本：710 mm×1000 mm　1/16
印　张：11.5
ISBN 978-7-210-14593-6
定　价：58.00 元

本书由江西人民出版社、江西美术出版社出版。未经出版社书面许可，任何单位或个人
不得以任何方式抄袭、复制或节录本书的任何部分。（版权所有，侵权必究）
赣版权登字 -01-2023-22